BILDER KNISTERN

Bildfäden № 2

Bildfäden: Das sind Essays, die von Bildern ausgehen, etwa einer Röntgenaufnahme, einem Gemälde, einer Graphik, einem Diagramm, einer Photographie, einem Filmstill. Jeder Text entwickelt einen *Bildfaden*, der eingewebt ist in die Wirklichkeiten, in denen wir leben, geht ihm nach und spinnt ihn weiter. Bilder begegnen uns nicht nur im Museum. Unentwegt verhalten wir uns in, zu und mit ihnen. Entsprechend unterschiedlich sind die Horizonte der hier erscheinenden Versuche.

Daneben publizieren wir in unserem Blog unter www.schlaufen-verlag.de Texte, die das Konzept der *Bildfäden* in kleinen Formen aufnehmen.

Herausgegeben von Friedrich Haufe, Vincent Sauer, Gregor Schliep & Friedrich Weber-Steinhaus.

Harry Walter
BILDER KNISTERN

24 Essays
Mit einem Nachwort von
Christian Demand

Schlaufen Verlag

INHALT

Prosit 6
Selfie 1953 12
Soldaten sind stolz auf ihre Modellbauschiffe 18
Trauer der Vollendung 24
Knisternde Erotik 30
Scheinanlage Brasilien 38
Frauen mit Pudel 44
Total Recall. *Schrankwand mit Aussicht* 52
Doppelbelichtungen 66
Ostseegesellschaft 76
»Juden beim Holzsägen« 82
Christbäume 94
Eine Frau, ein Goldhamster und zwei Walnüsse 98
Fotokarton 108
Eine Vase 114
Tortenspitzen 122
Babybauchfotos 130
Doppelporträt 136
Stereoskopische Hände 144
Ein Volkswagen 150
Ein Sternenset 160
Schnappschuss mit Ruine 170
International 180
Knieschuss rechts 188
Prosit! *Nachwort von Christian Demand* 197

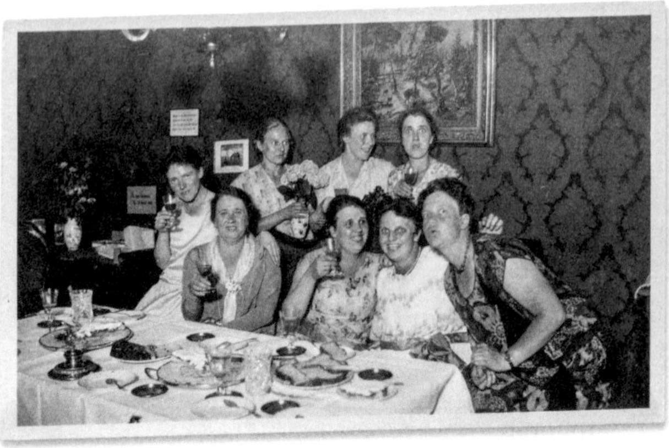

PROSIT

Fotos werden gemacht, um einen Augenblick für die Nachwelt festzuhalten. Die Nachwelt ist jedoch keine genaue Adresse, und der fotografierte Augenblick hat keine eindeutige Botschaft. Reißt der Erzählfaden ab, sagt also niemand mehr *das ist der, die oder das,* verlieren die meisten Fotos auf einen Schlag ihren Inhalt – oder aber sie entwickeln, nachdem der biografische Dampf abgelassen ist, aus zumeist unerfindlichen Gründen ein Eigenleben und füllen sich auf mit allem, was die Neugier an sie heranträgt. Dann fangen sie an zu knistern und irgendwie von sich selber zu handeln, also nicht mehr nur bloß von dem, was drauf ist, sondern immer auch von der Tatsache, dass sie Fotografien sind.

Das beschwipste Damenkränzchen bietet dem Kameraauge – und damit uns – ein Panoptikum aus der Fassung geratener beziehungsweise dagegen ankämpfender Blicke. Einige der acht Frauen haben direktestmöglichen Kontakt aufgenommen mit dem Fotoapparat; mit ihren aufgerissenen Augen scheinen sie sich förmlich hineinbohren zu wollen in eine Zukunft, aus der dann rückwirkend auf das Glück dieses Augenblicks geschlossen werden soll; sie tun alles, um die likörgeschwängerte, von der Anwesenheit einer Kamera natürlich noch zusätzlich verstärkte Stimmung so unmittelbar wie möglich an die Nachwelt zu übertragen. Anderen gelingt es, einigermaßen Contenance zu wahren und sich irgendwie auf sich selber zu besinnen – oder zumindest so zu tun, als sei Fotografiertwerden mit der Pflicht zur Zurückhaltung verbunden.

Insbesondere die sich mit einer blumengefüllten Vase gegen alle Albernheiten verwahren wollende Frau hinten links scheint mit ausgekugelten Augen und dem, was sie ausstrahlen, wenig anfangen zu können. Bei genauerem Hinsehen erkennt man, dass sie mit ihrer vasenfreien linken Hand den Unterarm ihrer Nachbarin umgreift, als wollte sie diese davon abhalten, noch tiefer ins Glas zu schauen; oder als suchte sie ganz einfach Halt inmitten des leicht in Schräglage geratenen Stimmungsdampfers. Ihr Griff zur Vase bleibt dennoch rätselhaft. Möglich, dass sie damit etwas unmissverständlich Schönes ins Bild integrieren wollte, um so an die traditionelle, zu jener Zeit gehörig ins Wanken geratene Rolle der Frau zu erinnern. Von einer mit Blumen gefüllten Vase geht ja in jedem Fall etwas Versöhnliches aus; so in die Luft gehalten, mit der Unterkante leicht auf den hölzernen Rand des Sofas aufgesetzt, könnte sie der direkt unter einer in Öl gemalten Wildschweinszene stehenden Frau signalisieren, dass rollende Augen angesichts dieser Blumenoffensive ganz besonders unschicklich sind.

Das sich in den Pupillen spiegelnde Blitzlicht hat natürlich wesentlichen Anteil an der Herausmodellierung dieser ausdrucksstarken Körperlandschaft, obwohl der von dem Blitz ausgelöste Schreckmoment selbst im Bild nicht festgehalten ist, da der Körper hierfür zu träge reagiert.

Je mehr man sich in die Details dieser Fotografie vertieft, desto deutlicher tritt das seltsame Tapetenmuster hervor, dessen Motiv aus einer Klecksografie hervorgegangen zu sein scheint und in seinem monotonen Rapport den äußersten Gegensatz bildet zu der im Raum selbst vorherrschenden Thermik. Im Wärmestrom der nach oben abziehenden Gefühle hat sich eine Art Glocke gebildet, die es den Anwesenden leicht macht, sich unter ihr zu versammeln und als ein Ganzes zu erscheinen. Die Verwandlung der Tischgesellschaft in eine Menschentraube wäre allerdings ohne die Anwesenheit einer Kamera nicht möglich gewesen. Die zusammengesteckten Köpfe wissen, dass ein Fotoalbum das Leben auf wenige Höhepunkte reduzieren wird – und es noch immer am besten ist, wenn diese aus guter Laune bestehen. Das richtige Leben findet sowieso immer im falschen statt. Darauf anzustoßen, ist erste Bürgerpflicht.

In den abstrakt bis spätkubistisch gemusterten Kleidern ist die Moderne so unübersehbar deutlich angekommen, dass man sich fragt, wie das alles zusammenpasst mit dem, was draußen auf der Straße in jenen Jahren an völkischer Gesinnung sich zusammengebraut hat. So wenig aus der zufälligen Stimmungslage in einer privaten Zelle sich auf das große Ganze schließen lässt, so klar scheint von heute aus, dass der krampfhaft aus dem Bild blickenden Vasenhalterin die nähere Zukunft gehören wird.

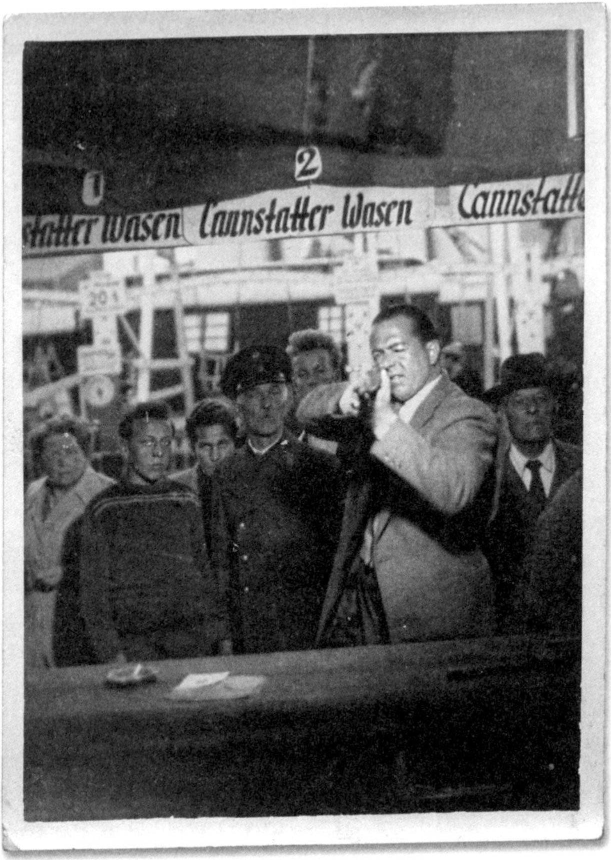
1
2
statter Wasen
Cannstatter Wasen
Cannstatte

SELFIE 1953

Mit Hilfe eines Luftgewehrs lassen sich nicht nur Spatzen, sondern auch Fotos schießen: Am Fotoschießstand des »Cannstatter Wasens« demonstriert der zivile Schütze, was er im Krieg so alles gelernt hat. In den zehn Jahren zwischen dem Ende des Zweiten Weltkriegs und der allgemeinen Wiederbewaffnung konnte ein in der Öffentlichkeit angelegtes Gewehr durchaus noch stabile Erinnerungen auslösen.

Der uniformierte ältere Herr zu seiner Rechten denkt vielleicht mit gemischten Gefühlen an den Krieg seiner eigenen Jugend zurück, während der neben ihm stehende junge Mann im Pullover, der dessen Enkel sein könnte und den Ausbruch des letzten Krieges gerade noch als ABC-Schütze erlebt haben dürfte, einer auf ewig verpassten Chance hinterherzusinnen scheint. Doch das sind Vermutungen. Klar ist: Dieses Foto gibt es nur, weil der Schütze ins Schwarze getroffen hat. Über einen kleinen, genau hinter dem Zentrum der Zielscheibe angebrachten Hebel ist der Fotoapparat samt Blitzgerät ausgelöst worden, so dass dieses Foto im doppelten Sinne des Wortes ein *geschossenes* ist. Obwohl es so aussieht, als würde der Schütze noch zielen, hat die kleine Kugel den Gewehrlauf in Wirklichkeit schon verlassen und ihre Arbeit getan. Was wir sehen, ist der kurze Moment zwischen erfolgreich vollzogener Handlung und noch nicht realisierter Rückmeldung. Die schon vom Blitzlicht getroffenen Gesichter wissen noch nicht, dass der Schuss erfolgreich war; sie befinden sich praktisch noch in der Vergangenheit, im Stadium gespannter Erwartung. Von den heutigen Selfies unterscheidet sich dieses Selbstporträt vor allem darin, dass dem sich Fotografierenden kein Spielraum mehr bleibt für differenzierte Gesichtsbotschaften. Zielfixierte Augen reduzieren das Gesichtsfeld auf einen Bunkerschlitz. Besonders fotogen ist das nicht. Ein über einen technischen Umweg letztlich auf sich selbst zielendes Subjekt befindet sich naturgemäß im Zustand höchster Anspannung, wohingegen ein mit ausgestrecktem Arm oder einem Verlängerungsstick aufgenommenes Selfie gerade den Eindruck fröhlich-spontaner Selbsteinbettung in beliebige Kontexte vermitteln soll und eigentlich immer klappt.

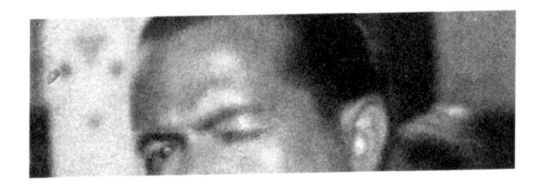

Der mit seinem Auslösegerät, dem Luftgewehr, beschäftigte Fotoschütze ist Teil einer Apparatur, die ihn im Erfolgsfall mit einem Foto seiner selbst belohnt. Insofern dieses genau die Handlung festhält, die den Erfolg bewirkt hat, repräsentiert es den Idealfall eines Siegerfotos. Wäre die Welt ein Schießstand, von dem nur die Volltreffer in Form dauerhafter Fotografien überliefert würden, dann ließe sich die Sammlung solcher Dokumente zu einer Erfolgsstory ohnegleichen arrangieren. Geschichte wäre in diesem Fall nichts anderes als die Flugbahn einer einzigen vorwärtsrasenden, immerzu nur ins Schwarze treffenden Kugel. Alles andere wäre wie nicht vorhanden.

Das wirkliche Leben verläuft jedoch selten geradlinig. Egal, wie man es anpackt und welche Pläne man hat oder zu haben glaubt: Es kommt fast immer etwas dazwischen. Und das, was da jeweils dazwischenkommt, kann sich als glückliche Fügung erweisen oder zu einem Albtraum auswachsen. Vorher wissen tut man das nie.

In jedem Fall bildet die Summe all dieser Unvorhersehbarkeiten das, was das Leben von der Eindimensionalität einer einmal abgeschossenen Kugel oder dem Abschnurren eines Uhrwerks unterscheidet. Und es steht jedem frei, sich das eigene Leben als eine Folge beliebig unwahrscheinlicher Ereignisse vorzustellen: Dass unter Millionen gleichartiger genau dieses eine Spermium in die Eizelle eingedrungen ist, dass die an diesem Zeugungsakt Beteiligten sich beim Anstehen an einer Kinokasse kennengelernt haben, dass dieses Kino als einziges in der Stadt noch intakt war, weil der Zünder einer durchs Dach geschlagenen Bombe nicht funktioniert hatte, dass der Nachtangriff auf diese Stadt eigentlich gar nicht geplant war, sondern wegen der Wetterlage kurzfristig dorthin umgelenkt worden war, dass der Kinosaal just in dem Moment ausverkauft war, als die beiden endlich die Kasse erreicht hatten und deshalb miteinander ins Gespräch gekommen sind: Das alles ist von so atemberaubender und mit jedem weiteren Vorstoß in die Vergangenheit sich noch potenzierenden Unwahrscheinlichkeit, dass man sich – und alles andere – jederzeit für total unmöglich erklären könnte.

Das Besondere an diesem Foto ist, dass der Gewehrlauf ziemlich direkt auf die Kamera und damit auf uns als Betrachter gerichtet ist. Die durch den Schuss ausgelöste Kamera hat sich hier, was bei Fotoschießgeräten nur selten der Fall ist, direkt über der Zielscheibe befunden, so dass der Eindruck entstehen kann, der Schütze habe es genau auf uns abgesehen. Doch statt jemanden zu töten, ist hier mittels einer Waffe ein Bild geschaffen worden, das seinen Urheber sowohl als *Treffenden* wie als (von der Kamera) *Getroffenen* zeigt, was wiederum dazu führt, dass der Betrachter in eine reflexive Schleife gelenkt wird: Indem er genau in den Gewehrlauf blickt, befindet er sich einerseits in der Position des Getroffenen, andererseits aber natürlich außerhalb des Bildes, also in Sicherheit. Und eben deshalb kann dieses Foto eine Ahnung davon liefern, was ein *wirklich letztes Bild* in spekulativer Hinsicht sein könnte. Dessen Paradoxie bestünde darin, dass es, weil es per definitionem keine äußere Adresse mehr hätte, in seiner absoluten Immanenz für immer gefangen wäre, was auch bedeuten kann, dass es dort auf ewig so stehen bleibt. Dem Tiefsinn sind keine Grenzen gesetzt, wenn ein Schusswechsel derart komplizierte Formen annimmt und doch nur ein Foto dabei herauskommt.

Dass es sich bei dem Schützen um meinen Vater handelt und dass dieses Foto genau im Jahr meiner Geburt geschossen wurde, ist insofern von Belang, als ich dadurch genötigt werde, es überzuinterpretieren. Zumal mein Erzeuger in einem beschwipsten Augenblick einmal zum Besten gegeben hat, er habe am Heiligabend des Jahres 1952, an dem ich und meine Zwillingsschwester nach seiner genauen Erinnerung gezeugt wurden, zwar nur *einen* Schuss freigehabt, aber gleich zwei Mal ins Schwarze getroffen.

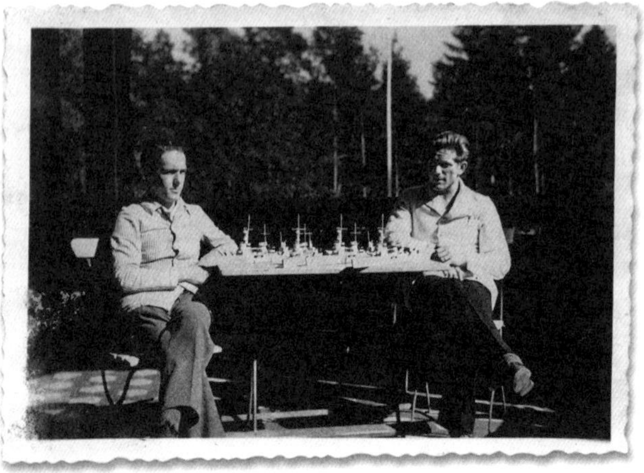

SOLDATEN SIND STOLZ AUF IHRE
MODELLBAUSCHIFFE

Die beiden Männer sitzen auf einer Terrasse und haben die Beine in entgegengesetzter Richtung übereinandergeschlagen. Der Gartentisch, der sie voneinander trennt und auf den sie ihre Ellbogen aufgelehnt haben, ist von der Sonne ebenso grell beschienen wie ihre Jacken und Stirnen. Der schräge Lichteinfall lässt ebenso gut auf eine Morgenstunde wie eine Abendstunde schließen. Die Blicke der beiden Dasitzenden, obwohl leicht nach innen gekehrt, kreuzen sich ungefähr in der Mitte des Bildes. Die linke Person scheint sich mit stoischer Miene in einen imaginären, leicht abwärts weisenden Tunnel zu bohren, während am Blick der rechten Person noch so etwas wie das Bedürfnis nach Übersicht abzulesen ist. Beide wissen natürlich, dass sie fotografiert werden und arbeiten damit. Statt unkontrolliert oder gar albern in die Kamera zu blicken, geben sie mit nachdenklicher Miene zu verstehen, dass Stolz etwas damit zu tun hat, sich niemandem aufzudrängen, auch nicht dem Objektiv der Kamera, das ja nicht nur die Nachwelt, sondern immer auch die Indiskretion repräsentiert. Die gespielte Selbstzurücknahme hat ihren tieferen Grund jedoch in der Mitte des Bilds. Dort, wohin sich die Augen automatisch einpendeln, wenn sie am Anblick der beiden Gesichter müde geworden sind. Was die zwei durch die Tischplatte auseinandergerückten Männer verbindet, sieht auf den ersten Blick wie eine Ansammlung von Holzkreuzen aus, die vor dem dunklen Hintergrund etwas leicht Makabres bekommen. Bei näherem Hinsehen erkennt man jedoch, dass es sich dabei um die Masten offenbar selbstgebastelter Kriegsschiffe handelt, die nun, zu einer Miniflotte vereinigt, den ansonsten wohl eher für Kaffee und Kuchen reservierten Tisch komplett in Beschlag nehmen und die Waldeinsamkeitsidylle auf seltsame Weise konterkarieren.

Ob die vier Schlachtschiffe aus Streichhölzern zusammengesetzt sind oder auf andere Weise gefertigt wurden, ist nicht zu erkennen. Ihre Ähnlichkeit untereinander lässt jedoch vermuten, dass sie bereits zur Serienreife gediehen sind und ebenso gut ein Ergebnis der Bastelfreude wie des Zeittotschlagens sein könnten, zwei ohnehin schwer zu unterscheidende Tätigkeiten.

Freizeit bedeutet selbstbestimmte Zeit. Männer basteln dann gerne an etwas herum, das keinen speziellen Nutzen zu haben braucht, auf das sie am Ende aber doch irgendwie stolz sein können. Nicht immer wird klar, warum, und nicht selten führen die Ergebnisse ungehemmter Bastelfreude zu einer Überlastung des Rezeptionsvermögens: Ein aus einer Million geköpfter Streichhölzer zusammengeklebtes Schlachtschiff wäre beispielsweise nur noch mit leerem Staunen quittierbar. Überwältigt allein schon durch die in ein solches Objekt investierte Arbeitsleistung, müsste der Betrachter letztendlich kapitulieren.

Das einzeln angebotene Foto sei, wie der Verkäufer versichert, ursprünglich einem Album mit der Aufschrift »Erinnerungen an meine Dienstzeit« entnommen worden, mehr könne er darüber nicht sagen. Da genauere Aussagen über die Identität der beiden Personen und den Ort des Geschehens nun nicht mehr möglich sind und sämtliche anderen Fotos des Albums, die zur Klärung etwas hätten beitragen können, wenn nicht vernichtet, so doch in alle Winde zerstreut sind, bleibt dem Betrachter nichts anderes übrig, als sich über die dürren Fakten hinaus etwas irgendwie Stimmiges zusammenzureimen.

Annonciert war dieses Foto bei einem bekannten Online-Auktionshaus unter dem Titel »Soldaten sind stolz auf ihre Modellbauschiffe«, was durchaus nachvollziehbar erscheint. Neben einigen Besonderheiten von Frisur und Kleidung lässt insbesondere der gezackte Büttenrand des Fotos auf die Zeit des Zweiten Weltkriegs schließen, da ein solcher Zierrand nur zwischen den 1930er und 1950er Jahren üblich war und ein Album mit der geprägten Aufschrift »Erinnerungen an meine Dienstzeit« in jenen Jahren fast unausweichlich vom Krieg handeln musste, wobei der Krieg selbst einen erstaunlich hohen Anteil an leerer, vom Stumpfsinn oder von Freizeitaktivitäten aller Art ausgefüllten Zeit aufweist, was sich in Fotoalben dieser Art über Gebühr niederzuschlagen pflegte, sei es aus dem simplem Grund, dass während der eigentlichen Kampfhandlungen Fotografieren ohnehin unmöglich war; sei es, weil man sich seine oft vom Grauen gezeichnete »Dienstzeit« nur allzu gerne ins Anekdotische übersetzte: also lieber die nackt oder halbnackt in der Wolga badenden und sich wie Kinder aufführenden Kameraden ablichtete als die an derselben Stelle vielleicht schon einen Tag später stromabwärts treibenden Kadaver. Das Besondere an dem Foto liegt jedoch weniger in seinem ungewöhnlichem Motiv als vielmehr in der Selbstverständlichkeit, mit der hier der im Hintergrund zu erkennende Wald die Form von vier kleinen Kriegsschiffen angenommen hat. Wald ist gut, schon weil man Holz daraus machen kann. Mit Holz wiederum lässt sich alles machen. Es lässt sich hacken, sägen, schnitzen, feilen, schmirgeln, nageln, schrauben und leimen. Holz ist gut, Holz brennt gut, Holz schwimmt gut, Holz hält Familien zusammen. Schon deshalb dürfen die Wälder nicht sterben. Zur Not kann man sich auch darin verstecken.

In *Masse und Macht* schreibt Elias Canetti: »Das Massensymbol der Deutschen war das Heer. Aber das Heer war mehr als das Heer: es war der marschierende Wald. In keinem modernen Land der Welt ist das Waldgefühl so lebendig geblieben wie in Deutschland. Das Rigide und Parallele der aufrechtstehenden Bäume, ihre Dichte und ihre Zahl erfüllt das Herz des Deutschen mit tiefer und geheimnisvoller Freude. Er sucht den Wald, in dem seine Vorfahren gelebt haben, noch heute gern auf und fühlt sich eins mit Bäumen.« Die Romantisierung des Waldes zum Echo- und Rückzugsraum der deutschen Seele hat seine massive forstwirtschaftliche Nutzung so wenig aufhalten können wie der Versailler Vertrag die Remilitarisierung Deutschlands. Als dieses Foto gemacht wurde, war der deutsche Wald noch in Bewegung, auch wenn die abgebildete Szene nichts davon wiedergibt. Die beiden Soldaten befinden sich offenbar in einer zivilen Auszeit, der Krieg hat sich für sie wieder auf die Größe eines Stammtisches reduziert. Wenn die Dienstzeit endgültig vorüber ist, werden sich die routinierten Bastelarbeiten vermutlich rasch in ganz normale Staubfänger verwandeln.

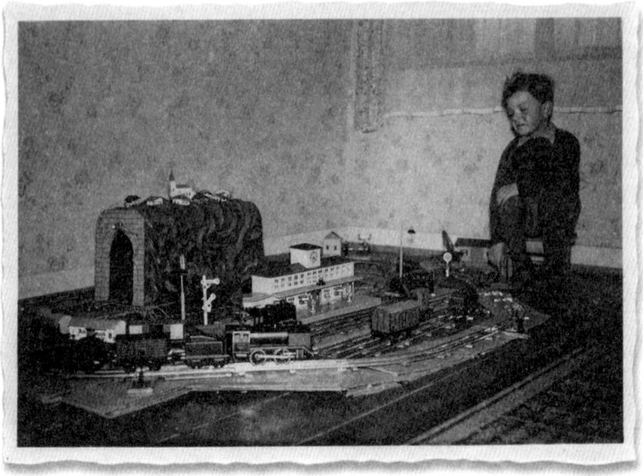

TRAUER DER VOLLENDUNG

Unter den unzähligen Fotos, die in Alben, Schubladen, Schuhkartons oder sonst wo vergraben sind, dort vergammeln und zum größten Teil irgendwann weggeworfen oder gelöscht werden, stößt man bisweilen auf *Botschaften der dritten Art*: auf Bilder, von denen, obwohl oder weil ihr privater Kern längst aufgezehrt ist, auf seltsame Weise etwas Intimes ausgeht. Der auf einem Schemel unter dem Fenster sitzende Junge schaut ein wenig verlegen in eine Welt, die offenbar nicht die seine ist, obwohl das Foto genau dies nahelegen soll. Der Fotograf dieser Szene, aller Wahrscheinlichkeit nach der Vater des Jungen, hat viel Mühe darauf verwendet, sein auf dem Boden ausgebreitetes Werk mit einer eindeutigen Adresse zu versehen. Der Protagonist des Bilds soll später wissen, wer hier wem eine Welt eingerichtet hat; und was es bedeutet, glücklich zu sein. Doch scheint sich der Junge diesem Angebot demonstrativ entziehen zu wollen.

Die Bildregie des Vaters hat den Sohn vor eine unlösbare Aufgabe gestellt. Das Glück, das er angesichts dieser im Wohnzimmer gelandeten Weltinsel empfinden soll, erinnert ihn wohl zu sehr an Hausaufgaben und Aufräumpflichten, als dass es sich auf Knopfdruck in ein strahlendes Lächeln verwandeln könnte. Sein Spielarm hängt schlaff, wie ausgekugelt, von der Schulter, als wäre es ihm ausdrücklich untersagt worden, während des fotografischen Aktes störend dazwischenzufunken. Es geht hier schließlich um nicht mehr und nicht weniger als um die fotografische Herstellung einer glücklichen Kindheit.

Dem Jungen ins Gesicht gezeichnet ist davon vielleicht nur die Ahnung, dass es so nicht weitergehen wird. Der Nachhall ursprünglicher Schaffensfreude, der sich dem Schöpfer dieser Anlage wohl immer wieder zum Gefühl des Stolzes aufsummiert hat, erreicht den Sohn offenbar nur noch als verstörendes Hintergrundrauschen.

Die technische, aus Schienen, Weichen, Lokomotiven und Signalen zusammengesetzte Welt enthält alles, was die Wirklichkeit wirklich macht; von der Natur lässt sie allerdings nur noch eine kindersarggroße Tunnelröhre übrig, deren Rücken von einem kompletten Bergdorf samt Kirche besiedelt ist und deren Falten an die Windungen eines Gehirns erinnern.

»Das Ganze erscheint zwar sinnlos, aber in seiner Art abgeschlossen«, heißt es in Kafkas kleiner Erzählung *Die Sorge des Hausvaters* über den seltsamen Hausbewohner namens Odradek: ein zwirnspulenartiges Wesen, von dem auch gesagt wird: »Oft ist er lange stumm, wie das Holz, das er zu sein scheint.«

Dieses in sich abgeschlossene Ganze ist auf dem Foto in doppelter Weise präsent: zum einen in der Körpersprache des nach innen gekehrten Jungen, der nicht so recht weiß, wie er mit seinem Blick nach außen treten soll; zum anderen in Form der von Blechschienen zusammengehaltenen Illusion einer heilen Welt, deren Überladenheit einem den Atem verschlagen soll.

Alles, was fertig ist und sich auf ewig im Kreis zu drehen scheint, was keinen größeren Eingriff mehr duldet, weil es *an und für sich* vollendet ist, hinterlässt auf Dauer eine Leere, die nicht so leicht wieder verschwindet, insbesondere dann nicht, wenn man eine solche Welt komplett vorgesetzt bekommen hat und von vornherein zu einem Teil ihres Funktionierens erklärt worden ist. Der mit dem väterlichen Weltmodell konfrontierte Junge mag im Moment der Aufnahme nicht ganz bei der Sache gewesen sein, doch die Sache, um die es hier geht, ist auch keine einfache. Die ganze Anlage ist zwar von hohem Ausdruckswert; im Gegensatz zu dem im Anschnitt gerade noch erkennbaren orientalischen Teppich lässt sich diese – sei es zur Schalldämmung oder um den Boden zu schonen – auf Pappe gesetzte Welt aber nicht wirklich bewohnen.

    Die von einem Uhrwerkmotor angetriebene Lokomotive kommt nach dem Durchlaufen einiger Runden, sobald das Federwerk abgeschnurrt ist, unweigerlich zum Stehen; nicht notwendig am Bahnhof, sondern an einem zufälligen Punkt auf der Strecke.

    Im Zustand endogener Erschöpfung ist die Seele besonders empfänglich für die Sogkraft toter Bilder. »Ihrem Freund«, heißt es im sechsten Kapitel von Robert Musils *Mann ohne Eigenschaften*, »kamen solche Abende vor wie ein herausgerissenes Blatt, belebt von allerhand Einfällen und Gedanken, aber mumifiziert, wie es alles aus dem Zusammenhang Gerissene wird, und voll von jener Tyrannis des nun ewig so Stehenbleibenden, die den unheimlichen Reiz lebender Bilder ausmacht, als hätte das Leben plötzlich ein Schlafmittel erhalten, und nun steht es da, steif, voll Verbindung in sich, scharf begrenzt und doch ungeheuer sinnlos im Ganzen.«

30

KNISTERNDE EROTIK

»*Original Privat Foto! Tanz bei knisternder Erotik – wie der Abend wohl weiterging*«. – Bei dem unter genau diesem Titel annoncierten Foto ist der Bedeutungsgehalt des Ausdrucks »knisternde Erotik« gleich mehrfach zu verifizieren. Löst man die beiden Komponenten des Ausdrucks für einige Momente aus ihrem semantischen Zweckverband, indem man sie mit den Armen weit auseinanderzieht, wird auf der einen Seite ein leises, helles, unregelmäßiges und kleinteiliges Geräusch hörbar, das auf irgendeine Weise davon kündet, dass etwas Blockartiges, Starres, Steifes oder Trockenes sich im Stadium seiner Zersetzung oder Desorganisation befindet; auf der anderen Seite hingegen ist erst einmal gar nichts zu vernehmen, weil das Wort Erotik für sich alleine genommen eher einen Resonanzkörper darstellt als eine eigenständige Quelle von Tönen oder Geräuschen. Führt man die beiden Teilobjekte nun wieder zusammen, wird der Resonanzkörper mit dem von links kommenden Knistern aufgeladen, und es entsteht so etwas wie eine universelle Schlagerzelle, deren Sinngehalt sich unendlich oft teilen lässt, ohne dabei an Gefühlswert zu verlieren.

Um nun auf das Foto zu sprechen zu kommen, so befinden wir uns hier in der genauen Mitte zwischen zwei epochalen Großereignissen, wobei das eine eher mit aufgedonnerten Worten und Kanonen, das andere eher mit platzenden Kaugummiblasen und Elektrogitarren assoziiert wird. Wie positioniert man sich, wie legt man die Hände ineinander, wenn das eine vorbei, das andere aber noch nicht wirklich gekommen ist? Die keck nach oben geschobene Unterlippe der Frau signalisiert dem leicht süffisant dreinblickenden Mann, dass er ruhig noch etwas aus sich herausgehen könnte. Tanzen ist schließlich dazu da, den Körper an seinen Knickstellen zu künstlichen Verrenkungen zu veranlassen. Je kontrollierter dies geschieht, desto gesellschaftlicher wird es empfunden. Was wir hier sehen, ist jedoch kein vollentwickeltes Tanzgeschehen, sondern eine noch nach allen Seiten hin offene Vorstufe: Zwei augenscheinlich zusammengehörige Körper befinden sich in einer Art Grundstellung, aus der sich sowohl ein tatsächlicher Tanz wie auch ein frivoles Kussgeschehen mit anschließendem Rückzug ins Private entwickeln könnte. Das jedenfalls soll der Nachwelt mitgeteilt werden.

Mit Rock'n'Roll und den Exzessen der nachfolgenden Generation hat diese reservierte, wenn auch nicht unzweideutige Körpersprache noch rein gar nichts zu tun. Hier herrscht sozusagen noch Zimmerlautstärke und der Exotismus der Gummibäume; Musik ist auch noch kein Weltbildersatz, ein Gitarrenhals noch kein Penis und Heavy Metal noch zu nahe an der Vergangenheit, um verstanden zu werden. In jener Zwischenzeit konnte das Knistern von Tonträgern allein schon eine elektrisierende Wirkung entfalten. Häuslicher Staub, der sich auf den Rillen von Schallplatten abgesetzt hat, ließ sich, lange bevor dieser Begriff in den allgemeinen Wortschatz einging, als irgendwie kosmisches Hintergrundrauschen erfahren. Kein noch so melodiöser Schlager, dem, an seinen leisen Stellen zumindest, nicht etwas vom ursprünglichen Chaos abzulauschen war. Nebengeräuschlose Musik wäre so steril empfunden worden wie ein Familienfest ohne anzügliche Witze. Um es sich mitten im Kalten Krieg gemütlich zu machen, durfte man sich von Störgrößen allerdings nicht beliebig irritieren lassen. Das beständige Aneinanderreiben zweier streng voneinander abgeschotteter Blöcke hätte zwar jederzeit eine Katastrophe auslösen können, es konnte aber auch einfach beim Knistern bleiben. Oder anders gesagt: Solange die Lunte, die zum Pulverfass führt, noch knistert, spricht nichts dagegen, ein Tänzchen zu wagen. Wer weiß schon, ob diese Zündschnur nicht länger ist als das eigene Leben. In einer sich nach fundamentaler Entspannung sehnenden Welt konnte die Annäherung zweier durch was auch immer aufgeladener Körper die raffiniertesten Formen annehmen. Eine davon bestand ganz sicher darin, im entscheidenden Moment so zu tun, als sei eigentlich gar nichts passiert.

Dauerwellen und akkurat gescheiteltes Haar stehen nicht gerade für entfesselte Wildheit, sind aber aufgrund ihrer Formstarre extrem lockerungsbedürftig. Das macht die Szene so prickelnd. Man könnte das zentrale Bildgeschehen auch so beschreiben: Über die gepunktete Krawatte steigen aus dem

Hüftbereich des Mannes die Liebesperlen bis zur Gurgel hinauf, um sich von dort aus in den hochgestülpten Rundkragen des Kleids zu ergießen, das wie eine edle, auf den Glanz von Seide abgestimmte Synthese aus anwesendem Rauputz und gemusterter Gardine wirkt. Kleine Blütenflämmchen züngeln die weiblichen Rundungen hoch, stauen sich auf raffinierte Weise im zufälligen Faltenwurf der Brustpartie, während sich in der männlichen Bügelfalte nur die starre Konstruktion des Fensterrahmens fortzupflanzen scheint. Für eine gewisse Dramatik sorgt das sich im Reliefglas des schmalen Fensters spiegelnde Blitzlicht, das natürlich auch dafür verantwortlich ist, dass sich für einen winzigen, nun aber für immer festgehaltenen Moment ein scharf konturierter Kopfschatten zwischen den Mann und die Frau gesetzt hat. Doch mit der das Geschehen nach oben hin abschließenden Übergardine ist nicht nur ein Stück barocker Himmel ins Bild eingezogen, sondern auch die Gewissheit, dass gegen den Wellenschlag eines zu Rüschen gekräuselten Stoffs das Böse am Ende keine Chance haben wird.

Die rechts herunterhängenden Gardinenschnüre handeln auf ihre Weise vom Öffnen und Schließen halbdurchlässiger Stoffe; die am linken Bildrand gerade noch zu erkennenden Türangeln hingegen vom einfachen Unterschied zwischen drinnen und draußen. Draußen regnet es, wie an den Wasserspuren auf der Fensterscheibe zu erkennen ist, was drinnen naturgemäß zu einer Steigerung des Geborgenheitsgefühls führt. Das Knistern zwischen den beiden elektrostatisch oder sonst wie aufgeladenen Körpern nähert sich so dem Stimmungswert eines Kaminfeuers. Und was könnte erotischer sein als das Verzischen feinster Wassertröpfchen auf einem zur Glut gebrachten Scheit Holz?

Wenn Zischlaute ein wie immer geartetes Knistern mit einer persönlichen Botschaft überschreiben, könnte es sich auch um ein intimes Geflüster in Ohrmuschelnähe handeln. Man muss sich in bestimmten Momenten nicht unbedingt etwas zu sagen haben, um verstanden zu werden. Es kann genügen, den aus der Lunge kommenden Luftstrom durch geschickte Lippenstellung und unter Missachtung der Stimmbänder in vorsemantische Zonen zu lenken, was sich bei gegenseitiger Sympathie bis zu einem jubilierenden Liebesgezwitscher hochschaukeln kann, um dann auf ganz natürliche Weise in ein vieldeutiges Schweigen auszulaufen.

Gut organisiertes Schweigen ist eine aussterbende Kulturtechnik, die aber zu jener Zeit aus vielerlei Gründen, guten wie schlechten, in voller Blüte stand. Im Gegensatz zur heutigen Kommunikationswut, die sich durch die sozialen Medien bis zur vollkommenen Sinnleere zu entwickeln droht, hatte das Schweigen, insbesondere das kollektive, damals wenigstens noch so etwas wie einen Inhalt oder Grund, auch wenn es sich dabei zumeist um die dunkle Vergangenheit handelte. Im »Zeitalter des überkommentierten Lebens« könnte gezieltes Schweigen, so paradox es klingt, für weitaus mehr inneren Zusammenhang unter den vernetzungspflichtig gewordenen Subjekten sorgen als beständiges, letztlich nur die Verklumpung beförderndes Kommunizieren. Zusammengehalten wird dieses Bild eindeutig durch den quadratischen Manschettenknopf, der wie ein Gütesiegel dafür steht, dass alles womöglich Schlüpfrige an dieser Szene am Ende doch in geordneten Bahnen verlaufen oder jedenfalls für keine der beiden Parteien etwas Peinliches daraus entstehen wird. Die unter der Manschette zum Vorschein kommende – vermutlich goldene – Armbanduhr lenkt den Blick überdies auf einen Ehering, so dass man geneigt ist, das Ganze für einen Hochzeitstag zu halten. Auch wenn keine Blumen zu sehen sind, so strahlt dieses Foto doch etwas Feierliches aus, etwas, das über die Stereotype der Selbstinszenierung weit hinausreicht, so dass sich jede Spekulation darüber, »wie der Abend wohl weiterging«, verbietet.

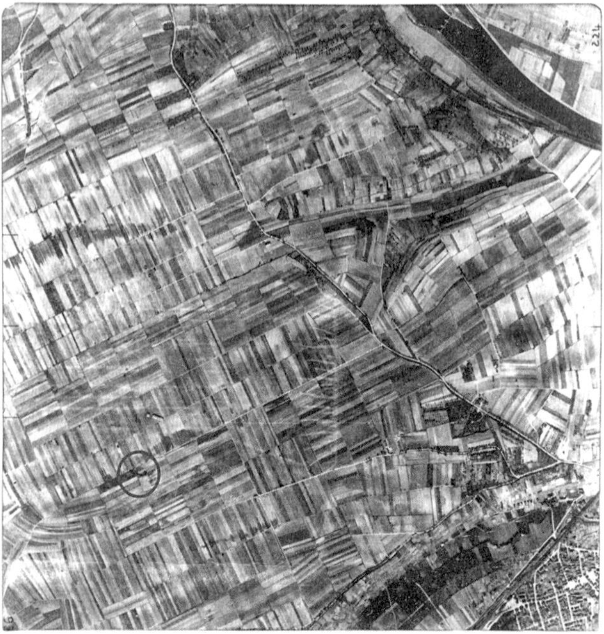

SCHEINANLAGE BRASILIEN

Eine nächtlich beleuchtete Stadt ist für ein aus großer Höhe anfliegendes Flugzeug relativ leicht zu simulieren. Von ihren charakteristischen, tagsüber als Gebäude, Straßenzüge und Grünflächen identifizierbaren Strukturen ist nachts nur noch eine aus Lichtpunkten zusammengesetzte Abstraktion übrig; ein Schema, das zwar im Streulicht noch einiges von dem erahnen lässt, was eine Stadt an spezifischen Attraktionen zu bieten hat, mit zunehmendem Abstand jedoch zu etwas Zeichenhaftem gerinnt.

Die unter dem Decknamen »Brasilien« zwischen 1940 und Anfang 1943 nordwestlich von Lauffen am Neckar betriebene »Scheinanlage« sollte den nachts einfliegenden britischen Bombern die Stadt Stuttgart vorgaukeln und sie zum Abwerfen ihrer Bomben veranlassen. Zu diesem Zweck waren auf dem »Großen Feld« zwischen Lauffen, Brackenheim und Nordheim zahlreiche Kunstgebilde aufgebaut worden. Das Bild, das sich den Flugzeugbesatzungen der Royal Air Force bei ihren nächtlichen Anflügen vom vermeintlichen Stuttgart bieten sollte, darf man sich ungefähr so vorstellen: Westlich zweier Neckarschlaufen, die eine große Ähnlichkeit mit denen bei Stuttgart-Bad Cannstatt aufweisen, zeigte sich ein gigantisches, teils Weichenstraßen und Lichtsignale, teils wirkliche Straßen vorspiegelndes Lichternetz, in dessen Zentrum sich die Umrisse des Stuttgarter Hauptbahnhofs abzeichneten. Elektrische Blitze sollten den Eindruck fahrender Straßenbahnen vermitteln. Weit verstreut auf den Feldern waren große, von innen beleuchtete »Gebäudekomplexe« aufgestellt: »Industrieanlagen« mit Shed-Dächern, »Wohnhäuser« sowie zwei runde »Gaskessel«, die so präpariert waren, dass sie nach Bombenabwürfen auf dramatische Weise in Flammen aufgehen konnten. Diese nächtliche Szenerie war weiträumig umfasst von einem Gürtel aus Scheinwerferbatterien und Flugabwehrkanonen unterschiedlichen Kalibers, die bei Feindanflug sofort tätig wurden und als »Lockfeuer« fungierten. Von diesem inszenierten Nachtbild hatten die Bewohner der umliegenden Ortschaften, wenn überhaupt, nur eine weitaus weniger spektakuläre Tagesversion vor Augen: ein in weitverstreute Einzelelemente fragmentiertes und daher kaum mehr als zusammenhängend erfahrbares Stadtkonstrukt, das sich dennoch tief ins kollektive Gedächtnis eingeschrieben hat.

Der »Stuttgarter Bahnhof« war in Wirklichkeit eine aus Backstein, Holz und Sackleinen zusammengesetzte, von hinten abgestützte und dadurch wie eine Filmkulisse wirkende Attrappe, deren monumentale Wirkung sich offenbar vor allem einer geschickten nächtlichen Beleuchtung verdankte. Die vermeintlichen Straßenlampen, Signale oder Weichenlaternen waren nichts weiter als nach oben abgeblendete, auf etwa ein Meter hohen Holzpfählen aufmontierte Glühbirnen, deren Verkabelung jegliche Feldarbeit unmöglich machte. Die »Straßen« sowie die »Dächer« der Gebäude waren durch Strohmatten markiert. Wie effektiv diese »S-Anlage« tatsächlich war, ist umstritten. Immerhin wurden für die zweite Hälfte des Jahres 1941 von der Luftabwehr insgesamt 1226 Abwürfe gezählt, davon 201 Sprengbomben, etwa 1000 Brandbomben und 25 Leuchtbomben. Im Kriegstagebuch des Luftgaukommandos VII des Jahres 1941 heißt es über die Scheinanlagen »Venezuela«, »Brasilien« und »Peru« zusammenfassend: »Es wird festgestellt, daß die Anlagen z. Teil sehr wirkungsvoll sind. Gut gelungen ist auch die Darstellung von Kontaktblitzen der Straßenbahn.«

Bislang sind nur wenige fotografische Belege dieser Scheinanlage bekannt. Zum einen ein – allerdings am Tag aufgenommenes – Luftbild der Royal Air Force aus dem Jahr 1941, das dem geübten Auge sowohl den »Stuttgarter Bahnhof« – in Form eines schwarzen, querformatigen, hier durch einen Kreis markierten Blocks – wie auch einige der länglichen Gebäudeattrappen zeigt; zum andern die einem privaten, erst kürzlich aufgetauchten Fotoalbum entstammenden Aufnahmen eines offenbar heimlich auf dem Gelände fotografierenden Soldaten. Die entsprechende Seite enthält die handschriftliche Notiz: »1941. Attrappe d. Stuttgarter Bahnhofs bei Brackenheim«. Das in seiner Mitte leicht beschädigte Foto, auf das sich dieser Eintrag bezieht, zeigt im Hintergrund ein von einem Turm flankiertes Gebäude, das der von den Zeitzeugen erinnerten Bahnhofsattrappe tatsächlich sehr nahe kommt, wegen des damals nicht vorhandenen Baumbestands allerdings für wenig authentisch gehalten wird und inzwischen auch als Fehlzuordnung erwiesen ist.

Von dem aufwändig inszenierten Nachtbild selbst existiert weder ein fotografisches Dokument noch eine Beschreibung von oben. Durch den Einsatz des Radars ab etwa 1942 konnte die Scheinanlage zwar enttarnt werden, doch allein die Tatsache, dass eine komplette Stadt ganze zwei Jahre lang erfolgreich durch ein Bild von ihr ersetzt werden konnte, wirft die Frage auf, wie man sich angemessen verhält, wenn eine Illusion durch forcierte Aufklärung ein für alle Mal zum Platzen gebracht worden ist.

Als den britischen Bomberpiloten endlich klar wurde, dass sie die ganze Zeit über auf ein bloßes Bild hereingefallen waren, haben sie über der als Illusion entlarvten Stadtlandschaft sinnigerweise Bombenattrappen aus Holz abgeworfen. Gute siebzig Jahre später ist der Stuttgarter Bahnhof erneut zum Gegenstand eines Täuschungsmanövers geworden, doch diesmal ist es mit Luftaufklärung allein nicht getan, da sich das Wesentliche nun gänzlich unter der Erde abspielt.

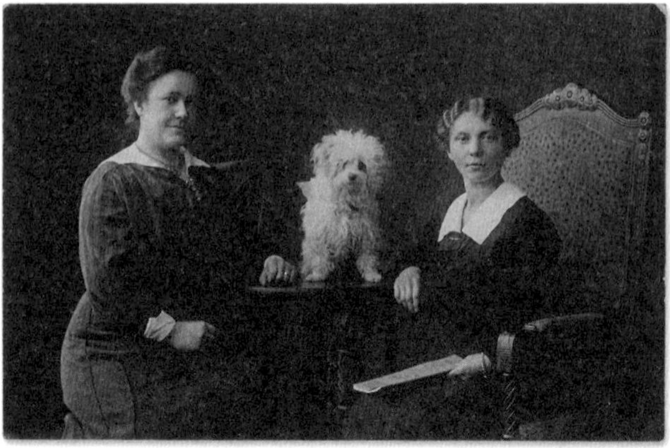

FRAUEN MIT PUDEL

Sich pudelwohl fühlen kann vieles bedeuten. Unter anderem, dass man jetzt endlich mal sein eigenes Herrchen oder Frauchen ist und die Seele wie eine Hüpfburg empfindet, in der man sich lustvoll von einer Gummiwand zur anderen schnellen lassen kann. So von der Leine gelassen, hat man/frau oft die seltsamsten Einfälle. Zwei Frauen unterschiedlicher Statur haben etwas Pudelartiges so in Szene gesetzt, als bilde es ihren Lebensmittelpunkt. Um nicht mit dem Schmutz von Straße und Fußboden assoziiert zu werden, ist das putzige Wesen eigens auf den Präsentierteller gehoben worden. Auf dem kleinen runden Tischchen begegnen sich nun Pfoten und Hände. Das zottige, übers rechte Auge hängende Fell ist mit den gestärkten weißen Krägen so wenig kompatibel wie mit den wie aufgegossen wirkenden, an Wanderdünen erinnernden Frisuren, deren strenger Wellenschlag allerdings mit dem Schnitzwerk des Lehnstuhls harmoniert.

Die eher matronenhafte Figur links hat ihren filigran geschwungenen Stuhl nur halb in Besitz genommen, während die eher Zartgliedrige in ihrem riesigen, irgendwie neobarocken Lehnstuhl fast zu verschwinden droht, was an sich schon eine komische Note ins Bild bringt. Durch ihre betont aufrechte Haltung, mit durchgedrücktem Kreuz und nach vorne gereckter Brust, demonstrieren beide Frauen ein Maximum an Körperbeherrschung, die sich auf das Pudelding übertragen zu haben scheint. Dennoch zeigt sich auf den Gesichtern der beiden Damen ein Anflug von Heiterkeit, was wohl damit zusammenhängt, dass sie diesem auf jeden Fall zu den *Gesellschafts- und Begleithunden* zählenden Wesen die Rolle des Familienoberhaupts zugewiesen haben, und zwar so, als wollten sie zu verstehen geben, dass gerade diese zentrale Position beliebig substituierbar ist – Hauptsache, das in Frage kommende Ersatzsubjekt verhält sich dabei so repräsentativ wie möglich. Und tatsächlich: Im Rahmen seiner Möglichkeiten scheint es dem Irrwisch gelungen zu sein, in der Pose wilhelminischer Selbstüberschätzung nachhaltig zu erstarren. Als hätte er begriffen, was von ihm verlangt wird, wirkt er ganz so, als sei er bereits ausgestopft – oder als hätte eine in pompösem Kitsch gefangene Epoche auf einen Schlag ihren geheimen Kern offenbart und in Tierform aus sich hervortreten lassen. Das auf seinem Sockel ausgestellte Schoßhündchen könnte genau so gut Herrscherfigur oder gar Gottheit sein. Unergründlich, wie leicht das eine Bild in das andere umschlagen kann.

Obwohl doch im Pudel der Wolf kaum mehr zu erkennen ist, hat sich das Dämonische keineswegs aus ihm verzogen, sondern vielleicht nur ins penetrant Süßliche fortentwickelt. Die Verhaustierung eines ursprünglich in Rudeln lebenden Raubtiers erreicht ihr Maximum, wenn uns aus einem Fellknäuel heraus zwei freundliche Knopfaugen anschauen und wirklich uns damit meinen. Die zu den verschiedensten Zwecken herangezüchteten Hunderassen haben derart viel Menschliches in sich aufgenommen, dass es ein Wunder wäre, wenn sie davon nicht auch beschädigt worden wären. Wenn der Philosoph, Misanthrop und Pudelnarr Arthur Schopenhauer seinen Pudel namens »Butz« ausschimpfen wollte, soll er ihn »Mensch«, im Falle eines Lobs »Atman« (Seele) genannt haben. Diese Doppelnatur seines »Butz« mag ihm auch vorgeschwebt haben, als er den Tieren generell attestierte, vereinfachte Ausgaben unserer selbst zu sein: »Dass uns der Anblick der Tiere so sehr ergötzt, beruht hauptsächlich darauf, dass es uns freut, unser eigenes Wesen so vereinfacht vor uns zu sehn.«

In einer Anwandlung forcierter Neugier hatte mein Schulfreund eines Tages vor unseren Augen seinem geliebten Teddybären mit einem Küchenmesser den Unterbauch aufgeschlitzt und seinen Finger demonstrativ in die zum Vorschein kommende Holzwolle gebohrt, wohl um uns mit dieser Penetration zu beweisen, dass für ihn die Kindheit nunmehr erledigt sei und wir zwar noch weiter an den Weihnachtsmann glauben könnten, aber bitte nicht mit ihm. Es ginge jetzt um andere Dinge. Mit diesem Akt der Aufklärung über die innere Natur der Dinge kam etwas ins Rollen, das, hätte es sich ungebremst fortgesetzt, vermutlich in einer Katastrophe geendet wäre. Betrachtet man nämlich die Wirklichkeit unter dem Verdacht der Geheimnislosigkeit, dann vermutet man Holzwolle auch dort, wo gar keine ist.

Jedenfalls stellte ich mir lange Zeit vor, dass lebendige, von eleganten Damen spazieren geführte Pudel mit nichts anderem als Holzwolle angefüllt sein konnten. Denn was da an der Leine hing und von einer seltsamen Lockenpracht überwuchert war, sah einem Stofftier ähnlicher als einem Wesen aus Fleisch und Blut. Außen Wolle, innen Wolle, so machte es Sinn. Während sich bei Donald Duck und allen anderen Comicfiguren die Frage nach einem Innen gar nicht gestellt hatte, da ja in dieser zweidimensionalen Welt alles von innen Kommende restlos in Sprechblasen veräußert ist, ging von einem derart zwischen tot und lebendig eingefangenen Wesen etwas zutiefst Verstörendes aus. Des Pudels Kern ist vielleicht, dass er gar keinen hat.

Vielleicht bin ich aber auch nur deshalb so empfänglich für das Genre Frau mit Pudel, weil ich als Kind, Anfang der sechziger Jahre, Zeuge eines dramatischen Ereignisses wurde, bei dem ein wirklicher Pudel und eine wirkliche Frau aus heiterem Himmel für einen schrecklichen Moment im Luftraum für immer voneinander getrennt wurden. Ich stand auf dem Wohnzimmerbalkon im ersten Stock unseres 13 Stockwerke zählenden Hochhauses, als ich plötzlich, aus den Augenwinkeln heraus, etwas kleines Weißes und kurz danach etwas viel größeres Schwarzes durch die Luft fliegen sah, gefolgt von einem wuchtigen und dumpfen Schlag. Während das weiße, eher kompakte Gebilde einen kleinen, fast eleganten Bogen beschrieb, stürzte das viel größere schwarze mit wehenden Schleiern senkrecht nach unten. Ein erster Erklärungsversuch meiner herbeigerufenen Mutter war, dass die Bewohner der oberen Stockwerke neuerdings womöglich ihrer Christbäume auf diesem direkten Weg entsorgen würden, nachdem der in der Mitte der Etagen befindliche Müllschlucker im vorigen Jahr durch eben solche Weihnachtsüberreste total verstopft und daraufhin außer Betrieb genommen worden war.

Doch die Wahrheit war eine andere: Eine schwarzgekleidete Frau hatte sich aus dem obersten Treppenhausfenster gestürzt und sich vorher noch ihres weißen Pudels entledigt. Während der Körper der Frau unüberhörbar auf den Steinplatten des Vorplatzes aufschlug, was noch jahrelang an einem mitten durch eine der Platten führenden Sprung zu erkennen war, kam der Pudel praktisch lautlos zu Tode und lag wie ein vergessenes Stofftier einige Meter entfernt von der Frau auf einer zu unserem Spielplatz führenden Rasenfläche.

Wie sich nach den ersten polizeilichen Ermittlungen herausstellte, war die Frau den Anwohnern völlig unbekannt und hatte sich dieses Hochhaus offenbar aus rein praktischen Erwägungen ausgesucht. Die Tatsache, dass die Frau von oben bis unten vollkommen schwarz, dazuhin äußerst elegant gekleidet war und überdies noch platinblonde, durch den Aufprall allerdings wild durcheinandergeratene Haare trug, hat nicht wenig dazu beigetragen, die Spekulationen oder die Fantasien über das Motiv dieses Freitods in beinahe filmische Höhen zu treiben, als hätte sich etwas, das man sonst nur von Hollywood kennt, direkt vor unserer Haustüre abgespielt. Als ich viele Jahre später Hitchcocks *Vertigo – Aus dem Reich der Toten* von 1958 zu sehen bekam, wurde mir klar, dass der melodramatische Charakter dieses Stoffs noch um ein Vielfaches hätte gesteigert werden können, wenn sich der freie Fall in die Tiefe noch mit dem Tod eines Pudels verbunden hätte.

Auch wenn einige Nachbarn meinten, dass dies alles nicht gerade vor der eigenen Haustüre und vor den Augen der Kinder hätte geschehen müssen, so war man sich doch einig, dass diese massive Störung des häuslichen Friedens gegen die darin zum Ausdruck kommende Verzweiflung nicht aufgerechnet werden sollte. Für eine Generation, die im nicht mal zwanzig Jahre zurückliegenden Krieg noch mit ganz anderen Bildern konfrontiert war, mochte dieser tragische *Einzelfall* vermutlich sogar etwas Tröstendes gehabt haben.

Den Reaktionen der Erwachsenen konnte ich jedenfalls eine gewisse Hochachtung für das Schicksalhafte oder Tragische dieses Ereignisses entnehmen, spürbar vor allem an der Zurückhaltung, mit der unsere bohrenden Kinderfragen nach dem Wie und Warum dieses erweiterten Suizids bedacht wurden, wobei das Schicksal des Pudels uns beinahe noch mehr berührte als das der *wohl ihre Gründe habenden* Frau. Aus all diesen Erinnerungsfetzen hat sich im Lauf der Zeit ein wie ein Ufo in der Luft stehendes Gebilde herauskristallisiert, das zwar immer wieder die Gestalt eines Pudels annimmt, ansonsten aber von etwas Fotografierbarem so weit entfernt ist wie alle Geistererscheinungen.

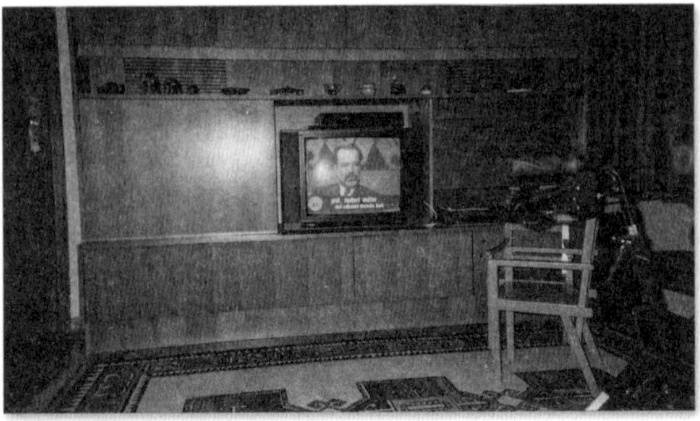

TOTAL RECALL
Schrankwand mit Aussicht

Schon als die Welt noch eindeutig analog war, gab es die Möglichkeit, das eigene Leben überzudokumentieren, also mehr Spuren davon zu sammeln, als es unter dem Gesichtspunkt ihrer Auswertung vernünftig gewesen wäre. Insbesondere die immer billiger werdende Fotografie verführte dazu, einen Überschuss an »Erinnerungen« zu produzieren, meist in der Annahme, in der Zukunft irgendwie darauf zurückkommen zu können, oder vielleicht auch, um sich von der Zumutung eigenen Erfahrens zu entlasten. Die allermeisten Fotos, die uns begegnen, erscheinen uns nichtssagend. Sie sagen uns oft deshalb nichts, weil niemand etwas zu ihnen sagt. Sagt jemand etwas dazu, sieht die Sache oft ganz anders aus. Dann kann selbst das langweiligste Foto zum Träger einer Geschichte werden, die ihrerseits auf das Foto zurückwirkt, es wie eine Batterie auflädt und jedes seiner Details zum Aufscheinen bringt. Das Nussbaumfurnier einer hundsgewöhnlichen Schrankwand leuchtet dann nicht mehr nur, weil es von einem Blitzlicht getroffen wurde, sondern gleichsam von innen heraus.

Schrankwände gelten gemeinhin als Stauwunder. In schier unendlicher Variabilität handeln sie von dem Bedürfnis, dem höherwertigen Teil des Hausrats eine würdige Lagerstätte und darüber hinaus auch eine Präsentationsfläche zu bieten. Sowohl das verborgene wie auch das eigens zur Schau gestellte Inventar sind Teil eines ins Dekorative überhöhten Ordnungsversprechens, das sich von hier aus möglichst auf die ganze Wohnung übertragen soll. – Es kann aber auch bei dem Versprechen bleiben.

Was bei dem hier gezeigten Foto naturgemäß nicht zu erkennen ist, aufgrund der noch zu erzählenden Geschichte aber vielleicht plausibel erscheinen wird: Der gesamte Inhalt der riesigen Schrankwand war zum Zeitpunkt dieser Aufnahme schon so weit in Vergessenheit geraten, dass es kaum mehr einen Grund gab, ihre Türen zu öffnen. In der herausklappbaren Bar befanden sich vor Urzeiten angebrochene Likörflaschen und Tüten mit Kartoffelchips, deren Ablaufdaten der Geschichte näher waren als der Gegenwart. Auch die von vornherein eher an die Ewigkeit adressierten Objekte im unteren Bereich der Schrankwand – das goldumrandete Tafelgeschirr, ein asiatisches Teeservice, silbernes Besteck, Blumenvasen, Tischdecken, Servietten und anderer Wohndekor – hatten sich längst der Gebrauchssphäre entzogen. Und auch die in irgendwelche Schachteln gestopften Briefe, Weihnachtspostkarten, Todesanzeigen, Ehrenurkunden, Zeitungsausschnitte und anderen papierenen Erinnerungsstücke befanden sich bereits jenseits ihrer möglichen Wiederaneignung.

Das gesamte Großmöbel war nur mehr ein Depot für überflüssig gewordene Dinge, die dem Funktionalismus der späten sechziger und dem Kitschpop der siebziger Jahre nicht mehr standhalten konnten.

Nur weniges von dem, was man im Inneren vermuten darf, hat sich nach außen hin absetzen dürfen: Auf der großen Querablage stehen in akkurater Formation ein gutes Dutzend Nippesobjekte, unter anderem eine Elefantenfamilie, bestehend aus Vater, Mutter und Kind. Doch die zu Staubfängern degradierten Objekte hatten alles Blickfängerische längst an den in der Mitte der Schrankwand eingepflanzten Fernsehapparat abgegeben. Dort saß jetzt die Außenwelt in Form eines schwarzen, auf Knopfdruck Bilder emittierenden Kastens.

FRAU K.

Eine vor zehn Jahren verstorbene Frau – im Weiteren Frau K. genannt – aus einer süddeutschen Kleinstadt hat ihren Kindern nicht nur diese bis zum Anschlag gefüllte Schrankwand sowie eine Vielzahl anderer Dinge hinterlassen, sondern auch eine gigantische Sammlung von weit über einer halben Million Fotos. Das hier abgebildete Foto ist eines davon. Über Jahrzehnte hin verknipste Frau K. pro Tag mindestens einen kompletten 36er-Analogfilm. Als Motiv diente ihr alles, was ihr tagtäglich vor Augen kam: Menschen, Tiere, Wolken, Dinge, Essen, die aufgehängte Wäsche der Nachbarn und zunehmend auch Fernsehbilder. Es gab praktisch nichts, das sie nicht »wahnsinnig interessant« finden konnte, was sich zu einem guten Teil auf ihre durch kleinste Kleinigkeiten entflammbare Neugier zurückführen lässt, letztendlich aber rätselhaft bleiben muss.

Die technische Qualität der Fotos spielte dabei so gut wie keine Rolle; es scheint Frau K. allein darum gegangen zu sein, sich mittels eines Fotoapparates ihrer Existenz zu versichern. Dies ein Hobby zu nennen wäre unangemessen. Ihren Kindern gestand sie einmal, ihre ganze Fotografiererei sei nichts anderes als der vergebliche Versuch, einem Augenblick Ewigkeit verleihen zu wollen.

ERINNERUNGSATTRAPPEN

Dieses Festnagelnwollen der Zeit hatte nichts mit der Angst vor Erinnerungsverlust zu tun. Denn Frau K. verfügte über ein fotografisches Gedächtnis. Bekannte verblüffte sie immer wieder damit, dass sie ihnen selbst oft gar nicht mehr erinnerliche Gespräche bis in die peinlichsten Details im Kopf behalten hatte, nicht nur den Inhalt, sondern auch die damit verbundenen Gesten, die getragene Kleidung und andere Begleitumstände. Sie wusste beispielsweise noch genau, an welcher Tankstelle sie im Autoradio vom Tod der RAF-Terroristin Gudrun Ensslin erfahren hatte, aber auch, wer wann wo welchen Hut auf dem Kopf gehabt hatte.

Sobald Menschen als Fotomotive ins Spiel kamen – das konnten Verwandte, Nachbarn, Hausierer, Passanten oder Obdachlose sein –, hat Frau K. diese in der Regel vorher von ihren Absichten in Kenntnis gesetzt, woraus sich nicht selten ein längeres Gespräch entwickelte, so dass man hätte annehmen können, das Fotografieren sei nur ein Vorwand dafür. Als sie einmal einige Leute fotografieren wollte, die in einem Kaufhaus eine Rolltreppe herunterfuhren, konnte sie diese überreden, die Rolltreppenfahrt mehrmals zu wiederholen, wiewohl dieses Ansprechen wildfremder Leute von ihren Begleitern als ziemlich peinlich empfunden wurde.

An der Universität Tübingen hatte sie im damals noch »Volkskunde« genannten Fach eine Magisterarbeit über »Bildstöcke und Wegkreuze in Oberschwaben« begonnen, jedoch nie abgeschlossen. Diese oft mit Sagen oder besonderen Ereignissen wie Todesfällen verbundenen, vorwiegend in katholischen Landstrichen hingesetzten und noch kaum systematisch erfassten Andachtskreuze sollen nach eigener Auskunft der Auslöser für ihre Fotografien gewesen sein. Hinzu kam, dass in dem aus der Volkskunde zu der Zeit gerade entstehenden Fach Empirische Kulturwissenschaft der Begriff »Alltagskultur« dermaßen ausgedehnt wurde, dass praktisch jede Lebensäußerung zum Gegenstand der Forschung erklärt werden konnte. Wer vermag schon auszuschließen, dass gerade das Verhalten von Menschen auf Rolltreppen oder deren Umgang mit Feuerzeugen eines Tages zum Schlüsselphänomen einer Epoche erklärt oder sonstwie für wichtig gehalten werden würde?

Und tatsächlich: Wir können nicht wissen, unter welchem Aspekt die von uns hinterlassenen Fotografien und anderen Dokumente in Zukunft einmal angeschaut werden. Möglich, dass gerade das, was wir heute für repräsentativ und wichtig halten, unter veränderten Bedingungen als vollkommen redundant und bedeutungslos eingestuft werden wird – oder umgekehrt ein uns heute total nichtssagend erscheinendes Foto als hochgradig bedeutsam, was letztlich nichts anderes hieße, als dass, von der Zukunft aus betrachtet, jedes beliebige Foto – oder jedes andere Dokument – dasselbe Anrecht auf Bewahrung haben müsste. Doch auch die Zukunft ist nicht beliebig aufnahmefähig.

Seitdem diese nämlich zum Auslagerungs- oder Verdrängungsraum unlösbarer Probleme geworden ist, muss sich die Gegenwart beständig gegen einen sich vor ihr auftürmenden Berg aus Schulden und Altlasten behaupten, was zu einem seltsamen Stauphänomen führt, das von kritischen Zeitgenossen weniger als Zeitgewinn denn als utopielose »Gegenwartsversessenheit« interpretiert wird: als endloses und ermüdendes Kreisen im Jetzt.

HAUFENBILDUNG

Die Fotos wurden in den von Frau K. akribisch beschrifteten Abholtüten in diversen, wiederum im ganzen Haus verteilten Kartons und Plastiktüten gelagert – oder besser *endgelagert*, da sie kaum je wieder angeschaut wurden. Statt eines Archivs bildete sich so im Lauf der Zeit eine Vielzahl nicht mehr erschließbarer Haufen, deren innere Struktur mehr mit dem geologischen Phänomen der Schichtung als mit dem eines nach außen verlagerten Gedächtnisses zu tun hatte.

Doch waren diese Fotos nicht das einzige Inventar, das allmählich der Kontrolle entglitten war. Das gesamte Haus war derart angefüllt mit Objekten aller Art, dass sich der Schornsteinfeger jedes Mal den Weg zum Dach freikämpfen musste, denn überall waren säckeweise gekaufte oder sonstwie zusammengetragene Dinge abgestellt. Was ins Haus kam, so lautete die Devise, sollte dieses nie wieder verlassen.

Anfang der achtziger Jahre hatte Frau K. in einem von ihrem Wohnort etwa vierzig Kilometer entfernten Dorf eigens eine Wohnung angemietet, um dort den kompletten Hausrat ihres gerade verstorbenen Vaters, eines Apothekers, unterzubringen. Ihrem Mann gegenüber, einem Mathematik- und Physiklehrer, der mit ihrem chaotischen Sammeltrieb wohl am wenigsten zurechtkam, begründete sie diesen Transfer damit, dass sie diese Hinterlassenschaften »sortieren« müsse und dies einige Zeit in Anspruch nehmen würde. Zu dieser Sortieraktion ist es jedoch erst in ihrem Todesjahr seitens ihrer Kinder gekommen. Diese fanden die Wohnung in einem gänzlich unberührten Zustand vor; alles stand noch genau so da, wie es die Umzugsfirma vor einem Vierteljahrhundert abgestellt hatte: Möbel, Säcke und Kartons voller Wäsche, Kleidung, Bücher, Briefe, Fotos und anderer persönlicher Wertgegenstände, aber auch Lebensmittelpackungen und Dosen, die sich bereits aufgewölbt hatten. Erst die drei Töchter von Frau K. konnten diesen Nachlass in geordneter Weise zerstreuen, indem sie der konventionellen

Werthierarchie folgend zwischen »objektiv wertvoll«, »persönlich bedeutsam« und »absolut wertlos« unterschieden.

ENDLOSSCHLEIFEN

Das Messie-Syndrom gilt gemeinhin als eine »psychische Wertbeimessungsstörung«. Die davon Betroffenen seien unfähig, im Umgang mit Objekten aller Art Wichtiges von Unwichtigem oder Wertloses von Wertvollem zu unterscheiden, was zu einer wahllosen Anhäufung von Objekten, bis hin zur Selbsteinbunkerung durch Vermüllung führen könne. Nichts wegwerfen zu können, weil buchstäblich alles irgendwann noch irgendwie gebraucht werden könnte, ließe sich aber nicht nur pathologisch, sondern auch als ein ins Parodistische zugespitzter Einspruch gegen die Prinzipien der Wegwerfgesellschaft interpretieren, zumindest als eine ihrer in Richtung Wahrheit verzerrten Erscheinungsformen.

Gemessen an der gegenwärtigen Konvergenz von digitalem Speicherwahn und Selbstoffenbarung in den sozialen Medien nimmt sich diese analoge Form der Selbstvermüllung noch harmlos aus. Das in der Fotografie bereits angelegte Prinzip unendlicher Reproduzierbarkeit selbst noch der marginalsten Lebensspuren hat inzwischen seine größtmögliche Universalisierung erfahren. So ist es bereits möglich, einen Großteil der im Leben anfallenden Daten permanent zu erfassen und in Echtzeit auf einen externen Speicher zu übertragen. Ganz egal, ob es sich um visuelle, akustische, körpermotorische oder physiologische Informationen handelt, es gibt praktisch nichts, das nicht auf irgendeine Weise zum Gegenstand einer Aufzeichnung, eines Self-Trackings, Self-Loggings oder, wie man früher gesagt hätte, eines Mitschnitts gemacht werden könnte.

Das total mitgeschnittene Leben generiert eine im Prinzip unendliche Menge an Daten, deren Auswertung nicht mehr dem Gehirn, sondern irgendwelchen Apps überlassen werden wird. Im Idealfall wäre alles, was ich empirisch bin – oder gewesen bin – in Form eines digitalen Datenabdrucks auf Silizium überschrieben und damit dem biologischen Verfall entzogen. Der alte Traum von der Unsterblichkeit im Sinne eines ewigen Weiterexistierens würde so im Modus von copy & paste eine technische Umsetzung erfahren.

Ganz abgesehen von dem Problem, wie diese ausgelagerte Datenmasse zu einem Bewusstsein – oder zu einem Subjekt – kommen würde, hätte ein unter der Prämisse seiner technischen Reproduzierbarkeit geführtes Leben nicht mehr viel mit dem zu tun, was wir uns unter der Perspektive seiner Endlichkeit darunter vorstellen. Schon die Funktion des produktiven Vergessens oder des Nichtwissens wäre in dieses Unsterblichkeitsmodell kaum mehr integrierbar – und wie erst der nicht nur als Nihilismus interpretierbare Wunsch, gänzlich und spurlos zu verschwinden. Vielleicht sind wir ja die letzte Generation, die, statt in der Hölle einer Endlosschleife zu landen, noch das Privileg genießt, für immer abtreten zu dürfen.

FINAL CUT

Obwohl sich Frau K. des Öfteren, insbesondere aber, wenn die frisch abgeholten Fotos nichts als Fernsehbilder zeigten, die Frage stellte, ob sie das Fotografieren, schon der ungeheuren Kosten wegen, nicht lieber lassen sollte, führte sie diese von ihren Angehörigen mehr und mehr mit Sorge betrachtete Praxis bis an ihr Lebensende weiter. Die in ihrer Mobilität bereits stark eingeschränkte Fotografin hat es sich jedenfalls nicht nehmen lassen, bis zuletzt alles mit der Kamera festzuhalten, von dem sie glaubte, es für immer festzuhalten zu müssen. Noch vom Sterbebett aus fotografierte sie das Pflegepersonal und die sich praktisch schon von ihr verabschiedenden Verwandten und Bekannten. Zu erkennen, dass das alles »nichts bringt«, ändert offenbar nichts an der Suggestion, mit jedem Filmeinlegen das Leben wieder von vorne beginnen lassen zu können.

Einer ihrer letzten verknipsten Filme zeigt in dem von Pflegern und Angehörigen einigermaßen zugänglich gehaltenen Wohnzimmer eine Serie von 36 Fotos der Schrankwand mit wechselnden Fernsehbildern. Natürlich ging es dabei nicht um das Mobiliar, sondern um die aus welchen Gründen auch immer für aufzeichnungswert gehaltenen Fernsehbilder. Zu besseren Zeiten hatte sie sich hierfür mit ihrer einfachen Sucherkamera direkt vor den Bildschirm gestellt, nun aber war sie gezwungen, die für sie wichtigen Momente einer Sendung vom Sofa aus zu fotografieren. Nur deshalb ist auf dem hier ausgewählten Foto die komplette Schrankwand samt Umfeld zu sehen.

Auf dem Bildschirm ist übrigens der durch die Medien einigermaßen bekanntgewordene und mittlerweile verstorbene Chefvolkswirt der Deutschen Bank, Professor Norbert Walter, zu erkennen. Im rechten Mittelgrund stehen auf dem Teppich eng beieinander zwei Stühle, davor ein Rollator. Bei den wie ineinandergesteckt wirkenden Stühlen handelt es sich um ehemals weißlackierte Kinderstühle, die von Frau K. aus ihrer eigenen Kindheit ins eheliche Leben herübergerettet worden waren, dann in den siebziger Jahren orange angestrichen und noch von den Enkeln in genau diesem Zustand weiterbenutzt wurden. Der Rollator sollte ganz sicher am wenigsten ins Bild, wiewohl Professor Walter genau darauf seinen Blick gerichtet zu haben scheint.

Wäre Frau K. Künstlerin gewesen, hätte sie die Möglichkeit gehabt, ihr privates Archiv auf radikal subjektive Weise den offiziellen Archiven gegenüberzustellen, sei es als vollkommen in sich geschlossenen Block, sei es als ein Wände, Fußböden und Decken überwucherndes Zufallspattern. – Vorstellbar gewesen wäre auch, sämtliche Fotos zu digitalisieren und die Originalabzüge nebst Negativen für immer in die Schrankwand einzulagern und dann pro Tag eines dieser Fotos auf dem in der Mitte befindlichen

Bildschirm zu zeigen. Dann hätte der gleichzeitige Anblick dieser Schrankwand und dieses einen flimmernden Bildes zu so etwas wie Erleuchtung führen können. Doch leider ist die von den Kindern schon immer als hässlich empfundene Schrankwand inzwischen auf dem Müll gelandet.

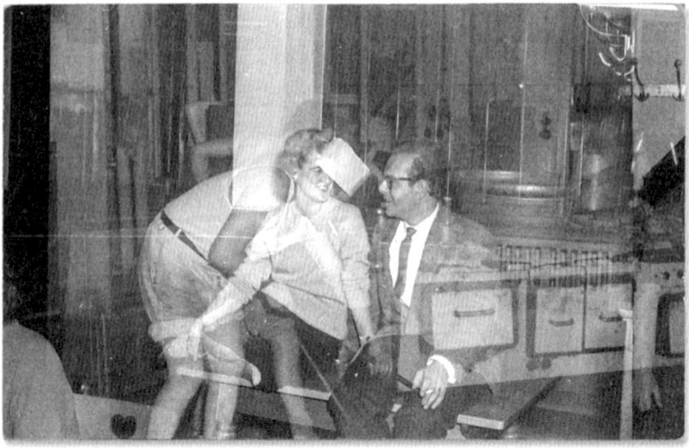

DOPPELBELICHTUNGEN

Im Zeitalter der analogen Fotografie konnte es immer wieder vorkommen, dass einzelne Aufnahmen oder auch ganze Filme doppelt belichtet wurden, sei es, weil der Filmtransport nicht richtig funktioniert hatte oder weil ein bereits belichteter Film versehentlich noch einmal eingelegt worden war. Dann überlagerten sich zwei getrennte Wirklichkeiten auf vollkommen zufällige Weise.

Wenn dabei der Kopf von Onkel Otto wie ein Fesselballon über dem Esstisch zu schweben kam, konnte das, falls nicht von vornherein als Geistererscheinung eingestuft, so doch als etwas Witziges betrachtet werden. In den allermeisten Fällen wurde das Resultat eines solchen technischen oder menschlichen Versagens jedoch nur als ärgerlich empfunden, weil ja die Motive, um die es eigentlich ging, nun ein für alle Mal mit etwas Fremdem kontaminiert waren. Zwei zu einem Bild zusammengeschwappte Wirklichkeiten lassen sich schließlich nachträglich nicht wieder entmischen, so wenig wie sich etwas Zusammengerührtes wieder auseinanderrühren lässt, weshalb Kochen auch nicht jedermanns Sache ist.

Das hier abgebildete Foto entstammt einer Serie, bei der sich zwei ansonsten strikt voneinander geschiedene Sphären auf so seltsame Weise durchdrungen haben, dass man darüber ins Grübeln kommt. Der komplett doppelt belichtete Film zeigt, wenn man sich die Mühe macht, ihn auf seine Ausgangsquellen hin zu überprüfen, zum einen eine nicht näher spezifizierbare Feierlichkeit in einem öffentlichen Lokal, mit trinkenden, tanzenden und schäkernden Gästen; zum anderen Aufräum- und Reinigungsarbeiten in der zu diesem Lokal gehörenden ziemlich verschmutzten Küche. Die adrett gekleideten, in Feierlaune befindlichen Gäste kommen so in unmittelbare Berührung mit den halb entkleideten, Boden, Töpfe und Pfannen schrubbenden Köchen. Ein mit einem Gummischlauch bewaffneter Koch spritzt mitten durch die Oberkörper eines tanzenden Paares; aus den nackten Schulterblättern eines Küchenangestellten treten die Zahnreihen zweier lachender Frauengesichter hervor; weiße Tischdecken verschmelzen unappetitlich mit fettigen Küchenschürzen; Bierflaschen und Garderobenhaken hängen frei in der Luft; ein riesiger Küchenherd fährt durch ein Herrensakko; einer auf einem Feldbett zusammengekrümmten Frau wird von einer anderen Frau tröstend um die Schultern gefasst, wobei aus dem Schwerpunkt der ineinander verschränkten Körper ein hornbebrilltes Gesicht aufsteigt, das nichts Gutes verheißt. Doch Gäste und Küchenpersonal, Bierflaschen und Kochmützen durchdringen sich auch untereinander, so dass, wenn diese Welt so wirklich existieren würde, jeder mit jedem und alles mit allem jederzeit und überall in Verbindung treten könnte.

Dann kann, wie zum Beispiel auf dem hier gezeigten Foto, eine ihrem Tischpartner amüsiert in die Augen schauende Frau ihre rechte Hand gleichzeitig in den eigenen Unterschenkel *und* in den nackten Oberschenkel eines gebückten und sie mehrfach durchdringenden Mannes krallen, der seinerseits mit hochgekrempelter Hose den Stiel seines Schrubbers in die behosten Oberschenkel des Brillenträgers stößt, so dass diesem im nächsten Moment eigentlich die Zigarette aus der Hand fallen müsste, wiewohl es auf den ersten Blick so aussehen mag, als gehöre die Greifhand zu dem mit einer grazilen Armbanduhr geschmückten Frauenarm.

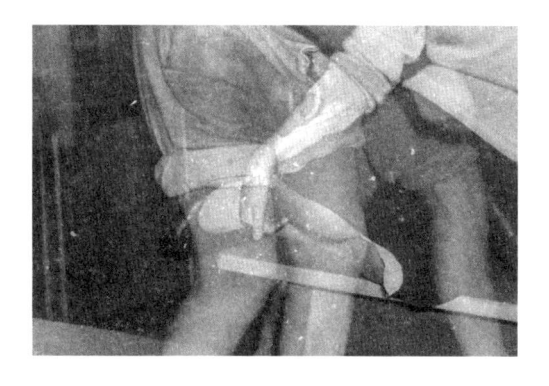

In einer derart unübersichtlichen Welt nimmt es dann auch nicht wunder, wenn eine Sprudelflasche grundlos aus einem Sakko herauswächst, ein einzelner Arm von einem Gasherd herunterhängt oder eine fremde Hand einfach so unter einen Damenpulli schlüpft. Wenn die Ordnung der Körper erst einmal durcheinandergeraten ist, sind Schlüpfrigkeiten aller

Art vorprogrammiert. Im schlimmsten Fall würden sich zwei einander wildfremde oder gar feindlich gesonnene Wesen so durchdringen, dass sie für immer als eines betrachtet würden.

Welche der beiden Ereignisketten, das Feiern oder das Putzen, zuerst stattfand, ist nicht mehr zu klären. Auf dem Umschlag der in Pergaminhüllen eingesteckten Negativstreifen steht mit Kugelschreiber geschrieben »›Kellerschenke‹ 1958«; das war ein Lokal im Stuttgarter Gewerkschaftshaus, in dem mein Vater zu der Zeit Küchenchef und Geschäftsführer war und das von ihm mehrfach im Bild festgehalten wurde. Die doppelt belichteten Negative wurden von ihm offenbar als Ausschuss gewertet, da von ihnen keine Abzüge existieren; ich habe sie erst kürzlich mittels eines Scanners in Positive übertragen.

Um das Übergriffige dieser Bildüberlagerungen zu bemerken, hätte der fotografierende Küchenchef die Negative genauer in Augenschein nehmen oder zumindest den Verdacht hegen müssen, dass Doppelbelichtungen etwas Doppeldeutiges oder Doppelsinniges zum Ausdruck bringen können – ganz zu schweigen von der in der Kunst verbreiteten Praxis, sich a priori mit dem Zufall zu verbünden und diesen zum Geburtshelfer bislang verborgener Wahrheiten zu machen, wiewohl gerade das auch als billiger Weg zur Erschleichung von Tiefsinn betrachtet werden kann. Tatsächlich wäre aber weder den Gästen dieser Feierlichkeit noch den in der Küche schuftenden Köchen diese Kontamination der einen Welt durch die andere vermittelbar gewesen. Schon der Fotohändler hätte Schwierigkeiten gehabt, die einzelnen Bildrechtecke des etwas aus dem Takt geratenen Negativstreifens passgenau in einzelne Fotoabzüge zu verwandeln. Dass der Film dennoch nicht einfach weggeworfen, sondern ebenso säuberlich wie alle anderen archiviert wurde, lässt darauf schließen, dass die Ehrfurcht vor der Unwiederbringlichkeit dieses Materials größer war als der Ärger über die technische Panne.

Vielleicht – mochte sich der Hobbyfotograf gedacht haben – könnte das eine oder andere Bilddetail ja doch noch irgendwann von Bedeutung sein. Allerdings wurde auf dem Papierumschlag das Wort »Kellerschenke« unüblicherweise in Anführungszeichen gesetzt, ein klarer Hinweis darauf, dass mein Vater diesen doppelt belichteten Film nicht einfach der äußeren Wirklichkeit zuordnen wollte, sondern einer Art uneigentlichen Version davon. Die Anführungszeichen ziehen das Wort Kellerschenke jedenfalls aus dem Sumpf des bloß Faktischen heraus und versetzen es in eine ironische Schwebe. »Kellerschenke« steht jetzt nicht mehr nur für die von außen mit Leuchtbuchstaben markierte Gaststätte, sondern auch für das, was beim Fotografieren so alles schiefgegangen ist und eine nachträgliche Distanzierung erfordert.

Doch vielleicht ist diese Doppelbelichtungsreihe gerade wegen der technischen Fehlleistung wirklichkeitshaltiger, als es jede der beiden Serien für sich alleine je hätte werden können. Die unbeabsichtige Zusammenschau von Küchenschweiß und Partylaune, von Schuften und Schäkern scheint die Arbeitswelt eines beständig zwischen zwei komplett unterschiedlichen Klimazonen, zwischen den rauen Kommandotönen im Küchentrakt und den alkoholgeschwängerten Sprechblasen in der Gästezone, hin und her pendelnden Küchenchefs genauer zu treffen als das, was in einer Werbebroschüre für Kochberufe oder in einem Familienalbum davon übrig geblieben wäre. Die zufällige Überlagerung der beiden Sphären führt zu einer – nicht allein atmosphärischen – Verdichtung, die wir sonst nur vom Traum kennen, einschließlich der für Traumbilder charakteristischen Mehrdeutigkeit.

In seiner *Traumdeutung* von 1900 hatte Sigmund Freud den Traum als das Resultat einer »Verdichtungsarbeit« beschrieben, bei der eine Unzahl divergierender Bedeutungen auf relativ kleinem Raum zusammengeführt und komprimiert werden, so dass Dinge miteinander in Berührung kommen oder gar verschmelzen, die sonst strikt voneinander getrennt sind. So können sich im Traum verschiedene Personen zu einer einzigen verdichten, die Traumperson selbst kann sowohl Subjekt wie Objekt sein, eine Handlung gleichzeitig drinnen und draußen spielen. Die Deutung eines Traums ist wie das Auseinanderwickeln eines Knäuels. Um den manifesten Trauminhalt in den linearen Traumgedanken zu verwandeln, müssen die unmittelbaren Nachbarschaften, die im Knäuel entstanden sind, wieder aufgelöst werden.

Nur wenn die Traumbilder entsubstantialisiert, das heißt von allen Widersinnigkeiten und Absurditäten gereinigt werden, lässt sich eine logisch konsistente Welt zurückgewinnen und der Verlust an Dichte als Erkenntnis feiern.

Doppel- oder Mehrfachbelichtungen sind insofern dem Traum analog, als sich in ihnen unterschiedliche Realitätsebenen so überlagern, dass etwas unvorhersehbar Neues daraus entsteht. Ob man das dann für eine originäre Botschaft, für bloßen Zufall oder für irgendetwas dazwischen hält, hängt davon ab, wie man auch sonst mit dem Spielraum zwischen Sinn und Unsinn umzugehen gelernt hat. Ob beispielsweise das in eine Stuhllehne gesägte Herz in seinem konkreten Bildzusammenhang nur ein simples Zierloch in einem Holzmöbel bedeutet oder die Wahrheit des ganzen Bildes zum Ausdruck bringt, ist eine ganz und gar offene Angelegenheit. Es wird immer jemanden geben, der gerade dort eine Botschaft erkennt, wo andere nur ein Rauschen vernehmen. Um derartige Bilder aber nicht gänzlich der Überinterpretation oder gar den auf Hinterwelten spezialisierten Geistersuchern und Verschwörungstheoretikern auszuliefern, sollte man sich nicht allzu sehr in ihren Details verlieren und stattdessen auch mal einen spekulativen Gebrauch von ihnen machen. Denn das Auffälligste an Doppelbelichtungen ist doch, dass bei ihnen das verdichtende Moment im Modus der Transparenz erscheint, dass also Dichte und Durchsichtigkeit sich keineswegs ausschließen, sondern bis zu einem gewissen Grad sogar wechselseitig hervortreiben. Während sich der Effekt des geisterhaften Verschwimmens von Personen und Dingen als solcher abgenutzt hat und niemanden mehr groß vom Hocker reißt, schon weil er sich mithilfe eines Bildbearbeitungsprogramms auf simple Weise reproduzieren lässt, kann heute umgekehrt aus der forcierten Betrachtung einer einzigen Doppelbelichtung die Ahnung aufsteigen, dass diesem *Sich-Auflösen im Bild* die Zukunft gehört.

Wenn nämlich die Welt immer *dichter* (vulgo: vernetzter) wird – im Sinne eines beständigen Anwachsens der Interdependenzen – und andererseits jeder von uns immer *durchsichtiger*, so könnte das bedeuten, dass die Wirklichkeit zunehmend wie ein aus beliebig vielen Layern zusammengesetztes Bild funktioniert, in dem nicht nur alles mit allem und jeder mit jedem *irgendwie* zusammenhängt, sondern in dem man sich tatsächlich gleichzeitig in einer stinknormalen Kneipe und weiß Gott wo sonst noch befinden kann. Die Frage wäre mal wieder nur, wer in dieser Suppe oben schwimmt und wer unten – und wen das dann überhaupt noch interessiert.

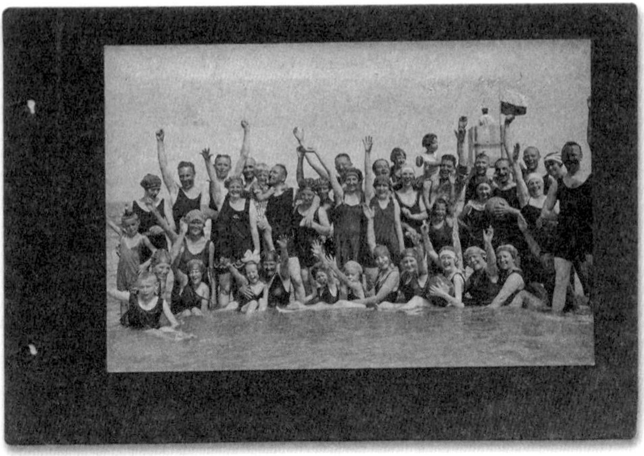

OSTSEEGESELLSCHAFT

Das Foto bildet das Entree zu einem kleinen, querformatigen, in weiten Teilen schon verblassten Fotoalbum aus den 1920er Jahren, dessen Hauptperson, ein schlanker junger Mann aus offenbar besseren Kreisen, in allerlei launigen, meistens von jungen Frauen umrahmten Posen zu sehen ist und praktisch immerzu grinst. Die drei Protagonistinnen des Albums werden auf ihren Spaziergängen durch Stadt und Land zumeist von einem kleinen Hund begleitet. Mehrmals sind sie auch als körpersynchron handelndes Trio zu sehen, beispielsweise auf einem zu einem Kinderspielplatz gehörenden, aus zwei aufgebockten Eisenbahnschienen bestehenden Barren, von dem sie sich gleichzeitig mit den Armen abdrücken und die Beine dabei waagrecht nach vorne abspreizen, so dass die Beinpaare wie ineinandergesteckte Blütenkelche wirken. In ihren privaten Gemächern halten sie zumeist auf laszive Weise Zigaretten oder Weingläser in der Hand und lassen auch mal einen Männerkopf unter dem Tisch verschwinden.

Auf dem hier gezeigten Foto hat der erwähnte junge Mann statt eines Spazierstocks einen Wasserball in der Hand und den Mund weit aufgerissen. Zu seiner Rechten, vom Wasserball angeschnitten, seine Frau. Welche Beziehungen sonst noch unter den Abgebildeten bestehen, ist nicht mehr zu klären, außer vielleicht, dass direkter Körperkontakt zwischen Erwachsenen und Kindern mit hoher Wahrscheinkeit auf einen familiären Hintergrund schließen lässt. Man befindet sich, wie aus den anderen Fotos des Albums zu erschließen ist, an der Ostsee. Die dort im seichten Wasser versammelten Menschen sind in schönster Ferienlaune und grüßen in Richtung des vermutlich auf dem Trockenen stehenden Fotografen. Die Badekleidung jener Zeit ist noch wenig körperbetont oder gar freizügig, selbst bei den Männern und Kindern bleiben die Oberkörper bedeckt, von Stranderotik im heutigen Sinn keine Spur, wiewohl man sich über die Wandlungsfähigkeit körperbezogener Neugier auch keinen Täuschungen hingeben sollte. Weil die schlabbrigen Badegewänder dazu neigen, bei Nässe durchsichtig zu werden, haben sich bei zwei der im Wasser sitzenden Frauen je eine Brust samt Brustwarze durchgezeichnet.

Das hier auf engstem Raum zusammengekommene Menschengebilde lässt sich durchaus als eine Gesellschaft im Ausnahmezustand begreifen. Die wohl zum größten Teil aus dem Berliner Raum an die Ostsee geflohenen Menschen bilden eine Wand aus Leibern, die sich gegen das offene Meer hin aufgebaut hat, um die Freizeit gegen den Ernst des Lebens zu verteidigen.

Hände grüßen in allen erdenklichen Formen. Die Ausdrucksskala der Gesten reicht von grazilier weiblicher Anmut bis zur Entschlossenheit männlich geballter Fäuste. Dazwischen alles, womit sich ein »Hallo-hier-bin-ich« auf unmissverständliche Weise zum Ausdruck bringen lässt. Selbst von einer bereits auf den Führergruß eingepegelten Gesellschaft wäre nicht zu verlangen gewesen, dieses Theater der Hände zur Gänze einzustellen und mit einer eindeutigen Botschaft zu überschreiben. Sich im Wasser aufhaltende Körper sind vermutlich am unempfänglichsten für alles Zackige und Winkeltreue, wie überhaupt jedes tiefere Eintauchen ins nasse Element das Kindliche in uns freisetzt, also das, was der Körperdressur entgangen ist und dem Plantschen noch näher liegt als dem Schwimmen.

Wie die Deutsche Lebens-Rettungs-Gesellschaft ermittelt hat, konnten vor einhundert Jahren nur etwa zwei bis drei Prozent der deutschen Bevölkerung schwimmen, so dass ein Aufenthalt an der Ostsee damals wohl im Wesentlichen aus mondän angehauchter Ferienlaune und gut organisierter Schwimmvermeidung bestand.

Ein Volk aus Nichtschwimmern konnte dem Seichten offenbar noch hinreichend starke Gefühle entlocken, um ozeanische Entgrenzungen erst gar nicht nötig zu haben. Die gerade den Deutschen nachgesagte Lust am Untergang ist auf diesem Foto jedenfalls nicht verifizierbar. Man ist sich einig, dass Horizonterweiterung eine Form der Entspannung ist, die keiner weiteren Begründung bedarf. Ein auf unendlich eingestelltes Augenpaar kann sich überdies jederzeit wieder ins Nahfeld zurückfokussieren und Anteil nehmen an den in ihren Sandburgen hockenden Familien.

Die Ostsee war für die deutsche Seele nicht einfach nur ein von der Eiszeit hinterlassenes, in verschiedene Meerbusen auslaufendes Flachgewässer, sondern etwas, in das man bisweilen hineinstarrt, um sich auf leicht gekrümmter Bahn der Sehnsucht nach den unendlichen Weiten des Ostens zu versichern. Gleichwohl konnten sich ihre Uferzonen zu einer Fusion aus Sandkasten und Badewanne entwickeln. Ein Prozess, den man auch Zivilisierung nennen könnte.

Nur der auf seinem beflaggten Wachturm stehende, uns den Rücken zukehrende und eine Schwimmweste tragende Strandwächter erinnert daran, dass hinter der seichten Zone die Gefahren lauern. Seine aktuelle Aufgabe besteht darin, die Wasseroberfläche nach potentiellen Untergehern abzusuchen, um diese entweder zurückzupfeifen oder ihnen durch einen Sprung ins Wasser das Leben zu retten. Vielleicht markiert er aber auch nur die Grenze zwischen dem, was ist, und dem, was noch kommt. Könnte er nämlich nicht nur seewärts, sondern auch in die Zukunft blicken, würde er vielleicht das Sehrohr eines russischen U-Bootes oder einen mit Flüchtlingen aus dem Osten vollgestopften Fischkutter gewahren – von tot an der Wasseroberfläche treibenden Körpern ganz zu schweigen. Doch das ist im Moment der Aufnahme noch nicht einmal zu erahnen. Erst im Nachhinein kann man sich den Luxus leisten, ein an und für sich harmloses Bild im Licht späterer dramatischer Entwicklungen zu betrachten.

Hätte das Bild einen Stöpsel, könnte man mit dem Wasser auch den Grund der ganzen Fröhlichkeit aus ihm ablassen. Dann würden wir auf eine im Treibsand steckende Gesellschaft blicken, die so tut, als sei überhaupt nichts passiert, wodurch die Szene mit einem Mal in der Gegenwart angekommen wäre.

Versuch aus dem KOMP Bereich

»JUDEN BEIM HOLZSÄGEN«

Die Faszination der avantgardistischen Kunstmoderne für das Nichts, für das nur noch sich selbst thematisierende Bild, die leere Partitur, den schweigenden Text, für Endspiele und Auslöschungen aller Art hat das Sensorium für die Aussagekraft des Abwesenden derart geschärft, dass es in ästhetischer Hinsicht längst möglich ist, nichtexistierende Bilder den existierenden vorzuziehen, ohne dies als Verlust zu empfinden.

Dieses Askeseprogramm war vielleicht schon von der Ahnung getragen, dass der expandierende Bilderkosmos irgendwann sein Limit erreichen wird und mit Bildgewittern, aber auch Bildausfällen aller Art zu rechnen ist. Da die permanent und in Unzahl produzierten Fotos heute kaum mehr materielle Spuren hinterlassen und oft schon im Moment ihres Entstehens ihre Adressaten erreichen, konvergiert die Fotografie zunehmend mit der inneren Bildproduktion – und es ist völlig unklar, ob in näherer Zukunft überhaupt noch unterschieden werden kann zwischen dem, was drinnen, und dem, was draußen passiert.

Solange Fotos noch in Alben präsentiert wurden, war die Organisation von Erinnerung in erster Linie ein Layoutproblem. Wie bringt man die einzelnen, oft verschiedenformatigen Fotos, Seite für Seite, so nebeneinander, dass sie *irgendwie* zusammenpassen und den Eindruck erwecken, ein Ganzes zu bilden? Wie viel Beschriftung ist nötig, um die Identitäten der abgebildeten Personen, Orte und Geschehnisse zu sichern? Wie lässt sich aus Bruchstücken eine einigermaßen repräsentative Erzählung herstellen? Es gibt Alben, bei denen die Fotos irreversibel eingeklebt sind, und solche, bei denen sie in Fotoecken stecken, so dass sie – aus welchen Gründen auch immer – jederzeit wieder entnommen werden können. Einen Grenzfall stellen Fotoalben dar, die überhaupt kein Foto mehr enthalten, sondern nur noch durch Klebereste, Fotoecken oder Beschriftungen auf ihren ursprünglichen Inhalt verweisen. Die Existenz derart ausgeweideter Alben lässt sich nur dadurch erklären, dass sie selbst in diesem Zustand noch irgendeinen Restwert haben.

Ein solches Album war bei einem bekannten Online-Auktionshaus unter »Orig. Fotoalbum Kriegsfotoalbum ohne Fotos mit 20 Seiten Dienstzeit Kriegserinnerungen« annonciert. Das grünlederne Album ist tatsächlich mit »Meine Kriegserinnerungen« in silbernen Prägebuchstaben beschriftet, darunter wurde in weißer Fraktur handschriftlich »Band Nr. III« hinzugefügt. Im oberen linken Teil des Umschlags befindet sich ein an einen Einschuss erinnerndes Loch. An solchen Stellen waren normalerweise in Metall gestanzte Signets wie etwa Stahlhelme, Reichsadler oder Eiserne Kreuze befestigt. Da bei diesem Zierrat oft Hakenkreuze integriert sind, ist anzunehmen, dass dieses Teil entfernt wurde, ob wegen des Gebots der Entnazifizierung oder aus anderen Gründen. Die zwanzig dunkelgrauen Pappseiten im Inneren des Albums zeigen nur noch eingeklebte Fotoecken und, ebenfalls in weißer Fraktur, die nun bezugslose Beschriftung. Gleich auf der ersten Seite steht: »... Polen über Laon, Brüssel, durchs Reich bis n. Kielce«. Die beiden durch Fotoecken markierten Fehlstellen sind untertitelt mit »Staub, Staub u. wieder Staub«. Auf der nächsten Seite ist zu lesen: »noch immer sieht man Spuren von 1939«.

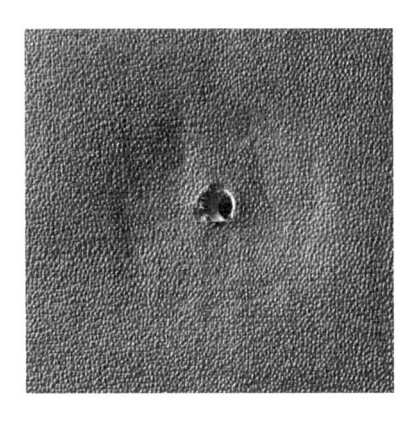

Im weiteren Verlauf des Fotoalbums wird klar, dass es sich um die Verlegung einer Wehrmachtseinheit nach Polen handelt. Als »Ziel unserer Märsche« wird die an der sowjetischen Grenze liegende Stadt Tarnogrod genannt. Unter so idyllischen Titulierungen wie »Ein Markttag in Tarnogrod«, »Sonntagsausgang in Tarnogrod« oder »Platzkonzert in Tarnogrod« wird der Ort näher erschlossen. Die eher private Dimension dieser Militäroperation wird unter Überschriften wie »Dienst und Freizeit« oder »Der schönste Zug ist der Urlaubszug« zusammengefasst. Am seltsamsten vielleicht eine Seite, die in großen Lettern mit »ein saftiger Braten und ... ein Arier« beschriftet ist. Man kann darüber rätseln, was die beiden Fotos auf dieser Seite gezeigt haben mögen, vielleicht einen Soldaten, der in ein Stück gebratenes Fleisch hineinbeißt und sich dabei ganz anders verhält, als es einem Herrenmenschen alias Arier anstünde.

Humor ist etwas, über dessen Abgründe man sich keine Illusionen machen sollte. Um zum Beispiel unter der Überschrift »Versch. aus dem Komp. Bereich« auf einer Seite vier Fotos mit den Untertiteln »Reservespiesz«, »Ein russ Bauer«, »Unser Chefkoch« und »Juden beim Holzsägen« zusammenzubringen, muss entweder das Gefühl für moralisch Verträgliches schon weitgehend beschädigt gewesen sein, oder es hatte sich überhaupt erst gar nicht entwickelt. Das Launige dieser Bildkommentare könnte auch zu einem Betriebsausflug passen.

Bedenkt man, dass sämtliche dreitausend in Tarnogrod und näherer Umgebung ansässigen Juden am 2. November 1942 ins Vernichtungslager Belzec deportiert und dort in den Gaskammern durch die Zufuhr von reinem Kohlenstoffmonoxid auf schreckliche Weise umgebracht wurden und dass dieser Vernichtungsaktion zahlreiche andere Massaker vorausgegangen waren, muss angenommen werden, dass dem Arrangeur dieses Fotoalbums das »Schicksal« dieser Juden auf irgendeine Weise erschließbar gewesen oder später, als das Album angelegt wurde, bekannt gewesen sein musste.

Juden beim Holzsägen.

Doch wahrscheinlich war ihm das alles egal. Krieg ist Krieg, und alles andere ist alles andere. Gleichgültigkeit gegen das Schicksal anderer, insbesondere von Minderheiten, ist vermutlich tiefer in uns verankert, als wir das wahrhaben wollen. Und zwar nicht nur defizitär als Empathielosigkeit, sondern als bewährtes und beliebig steigerbares Instrument der Ausgrenzung, als Waffe. Zu jemandem zu sagen oder ihm zu verstehen zu geben »Du bist mir egal«, stellt bekanntlich einen massiven Angriff auf dessen Existenz dar, weshalb der Ausdruck *jemanden mit Gleichgültigkeit strafen* wörtlich zu nehmen ist. Nirgendwo anders wird Macht über andere greifbarer als in der

Möglichkeit, jemanden jederzeit für inexistent erklären zu können. Etwas oder jemanden totschweigen ist deshalb auch keine leere Rede.

Das Schweigen der Kriegsteilnehmer in der Nachkriegsgesellschaft war, wo nicht eindeutig traumatischen oder karrierestrategischen Ursprungs, nichts anderes als die Fortsetzung der durch den Krieg noch auf die Spitze getriebenen Fähigkeit, Dinge mit negativem Erinnerungswert beliebig ausblenden oder, was vielleicht dasselbe ist, in etwas Anekdotisches verwandeln zu können. Weiterleben um jeden Preis hieß jetzt: von nichts etwas gewusst zu haben, nicht einmal von sich selbst. Nur so konnte der anfängliche Leerlauf unadressierbarer Gefühle in den Willen zum Wiederaufbau verwandelt werden.

Die Bilderlosigkeit dieses Albums resultiert jedoch nicht aus einer späteren Bereinigungsaktion ihres Autors, sondern verdankt sich allein der Tatsache, dass es in manchen Fällen offenbar lukrativer ist, die Fotos eines solchen zwischen privat und historisch angesiedelten Dokuments einzeln zu verkaufen. Ein leeres Fotoalbum mag seinen Käufer zudem noch an sogenannte Sammelalben erinnern, die nach und nach mit Bildern angefüllt werden, um dann im kompletten Zustand doch eher als langweilig empfunden zu werden. Theoretisch wäre es möglich, die dem Album entrissenen und in alle Welt verstreuten Fotos durch detektivische Kleinarbeit wieder zusammenzusuchen, da sie sich ja allesamt in Sammlerhänden befinden, doch wäre das nur unter der

Voraussetzung denkbar, dass sich das Interesse von dem historischen oder makabren Aspekt des Materials wieder auf das Schicksal einer einzelnen Person verlagern würde, was unwahrscheinlich ist, da die Abstraktion vom Einzelschicksal ja gerade den historischen Wert einer Sammlung ausmacht. Nur in Ausnahmefällen darf man unterstellen, dass es bei dem Interesse an solchen Hinterlassenschaften um eine Würdigung des im Begriff »Weltkrieg« untergehenden Einzelschicksals geht.

Der Bedarf nach authentischen Kriegssouvenirs wächst in dem Maße, wie der Krieg selbst aus dem Erfahrungsraum entschwindet, jedenfalls bei denen, die Krieg für eine Extremsportart mit maximalem Risikofaktor und hohem Technikappeal halten. Dass selbst noch leere und unbetextete, einzig mit einem Wort wie »Kriegserinnerungen« bedruckte Fotoalben ihre Abnehmer finden, zeigt, dass man sich um das Sammelgebiet Militaria keine Sorgen zu machen braucht. Die auf den Schlachtfeldern der Weltkriege mit Metalldetektoren nach Waffen, Munition, Ausrüstungsgegenständen oder Blechmarken suchenden Geschäftemacher wissen, dass ihre Kunden Krieg und alles, was damit zusammenhängt, mit einem besonderen Kitzel verbinden, der unter dem Deckmantel historischer oder technischer Neugier jederzeit in Sammelleidenschaft umschlagen kann.

Während die Kriegsteilnehmer, schon um sich die Autosuggestion eines touristischen Abenteuers zu bewahren, mit derartigen Alben in erster Linie ein Stück exotischer Biografie in bewährte Erzählmuster zurückübersetzen wollten, betreiben die Zweit- und Drittverwerter dieser Materialien ein mehr oder weniger frivoles Spiel mit deren dunkler Herkunft.

Der Komplettausfall des Bildmaterials bei noch intaktem Kontextskelett, wie in dem hier vorliegenden Fall, birgt jedoch auch die Chance, das leere, von Spinnwebenpapier durchsetzte Album so zu betrachten, als sei es eigens dazu geschaffen worden, um uns mit den Tücken der inneren Bildproduktion zu konfrontieren. Die drei Worte »Juden beim Holzsägen« werden, wenn wir versuchen, uns etwas darunter vorzustellen, entweder zum Klischee erstarrte Bilder in uns abrufen oder uns dazu zwingen, die alte Idee des Bilderverbots auf den neuesten Stand zu bringen. Die Kunst, diesen drei Worten *keine* Bilder folgen zu lassen, sich *nichts* darunter vorzustellen, wäre die einzige Form von Gleichgültigkeit, die diesem Album gerecht würde.

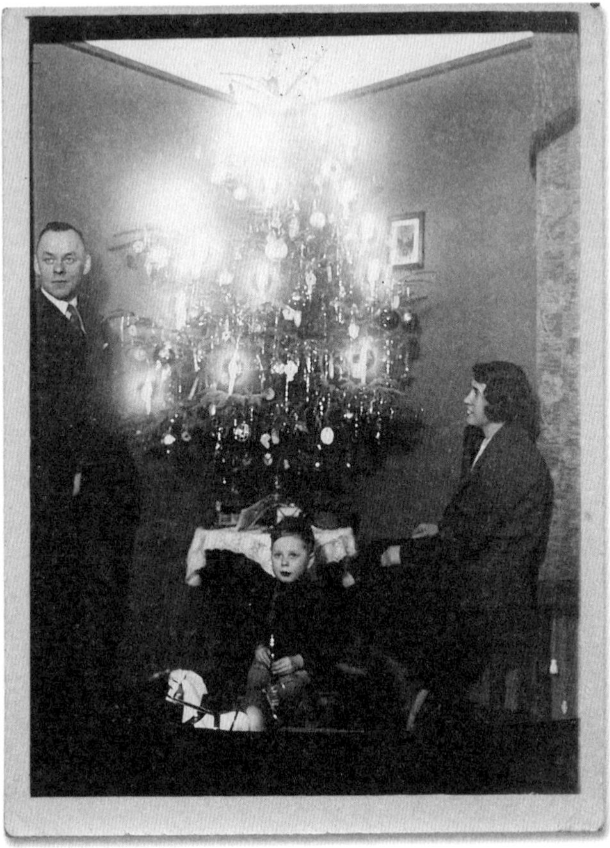

CHRISTBÄUME

Das Umfunktionieren einer abgesägten Tanne zu einem Stimmungsverstärker ist ein alljährlich wiederkehrendes Ritual, das mit dem Anzünden der Kerzen seinen Höhepunkt erreicht und ein Wohnzimmer in eine konkurrenzlose Seelenlandschaft verwandeln kann.

Der Mann, die Frau, das Kind und die Spitze des Weihnachtsbaumes bilden eine Raute, die von einer dreieckigen Formation aus gleißenden Lichtobjekten eingenommen wird, von denen einige ihre Form verloren haben und so grell aufleuchten, als wollten sie uns, die Betrachter dieses Fotos, nachhaltig blenden oder im Unklaren darüber lassen, ob es der Weihnachtsbaum ist, der brennt, oder das Foto selbst.

Die im Profil gezeigte Frau schaut mit übereinandergeschlagenen Beinen und leicht geöffnetem Mund an den leuchtenden Kerzen vorbei auf den seitlich wegblickenden Mann, dessen linkes, vom Licht erfasstes Ohr sich als einziges Körperteil der Familie zuzuwenden scheint. Während der Blick der Frau den Bildraum nicht überschreitet und auf den Gatten fixiert ist, hat dieser seinen Fokus demonstrativ im Unendlichen verankert, als posiere er für den Katalog eines Herrenausstatters – oder als sei er eigentlich ganz woanders.

Die Freude über das kleine, vom unteren Bildrand angeschnittene Holzpferdchen mag dem damit beschenkten Jungen noch an den Augen abzulesen sein, doch im Moment scheint seine Aufmerksamkeit von etwas anderem gefesselt. Nicht von der Kamera, sondern vielleicht von dem daneben in Stellung gebrachten Blitzgerät, das hier offenbar so dosiert eingesetzt wurde, dass es, ohne dem erleuchteten Baum die Schau zu stehlen, die ansonsten im Kerzenlicht verdämmernden Gesichter noch hinreichend deutlich herausmodellieren konnte.

Woher diese innerfamiliäre Licht- und Körperinszenierung ihren Schlag ins Abstruse abbekommen hat, ist bildimmanent nicht zu klären. Irgendetwas von außerhalb des Bildes, etwas, das vielleicht mehr mit uns als mit der abgebildeten Szene selbst zu tun hat, scheint die Übertragung der auf Weihnacht gestimmten Gefühle empfindlich zu stören.

Obwohl über dieses Foto nichts Näheres bekannt ist, außer dass es einem Album entnommen wurde, in dem *unter anderem* auch »Kriegsfotos« enthalten waren, es also kurz vor, während oder kurz nach dem Zweiten Weltkrieg aufgenommen worden sein könnte, ist es beinahe unmöglich, es *nicht* unter der Perspektive dessen zu betrachten, was wir wissen. Zu einer Zeit jedenfalls, als über den deutschen Städten alliierte Bomberströme ihr Tag- und vor allem ihr Nachtwerk verrichteten, konnte ein erleuchteter Weihnachtsbaum, so viel ist sicher, seinen höchsten Ausdruckswert entfalten. Denn nichts ist erhabener als das Zusammentreffen von Fest und Katastrophe. In den Schützengräben des Ostens, weit weg von der Heimat, kam es am Heiligen Abend nicht selten zu einer Aufweichung des soldatischen Härtepanzers. Das ohnehin schon von ambivalenten Gefühlen durchsetzte Fest nahm hier, nach allem, was wir wissen, die Form einer dünnwandigen Kugel an, in deren spiegelndem Silberglanz jeder Einzelne und jeder für sich in die eigene, aus tausend Erinnerungsfetzen zusammengesetzte Vergangenheit blickte: ein Kinderkaleidoskop, das jeden Augenblick zwischen den Fingern zerbrechen konnte. An der Heimatfront, das heißt dort, wo der Familienkern saß und nun von oben her ins Visier genommen wurde, hatte die Verdunkelungspflicht jedes nach außen dringende Licht zu einer Gefahrenquelle gemacht, so dass eine im Inneren abbrennende Wunderkerze, auch Sprühkerze oder Sternenspucker genannt, umso intensiver empfunden werden musste, wiewohl das nichts war im Vergleich zu dem, was sich in jener Zeit am wirklichen Himmel abspielte.

Die bis zu tausend Flugzeuge zählenden Bomberpulks der alliierten Luftstreitkräfte bildeten jeweils einen komplexen technischen Körper von mehreren hundert Kilometern Länge und mehreren Kilometern Breite. Man könnte die gesamte, in die Höhe gestaffelte Formation auch als einen Katastrophenfilm beschreiben, der, sagen wir, über dem Ärmelkanal zusammengesetzt wurde und nun über Würzburg oder Berlin – Bild für Bild – auf den Erdboden projiziert wurde. An der Spitze der nächtlich anfliegenden Bomberpulks befanden sich die »Beleuchter«, die das Zielgebiet durch den Abwurf zahlreicher an Fallschirmen herabschwebender Magnesiumbomben in grelles Licht zu tauchen hatten. Bei einer Fallgeschwindigkeit von zwei Metern pro Sekunde brannten die Spezialbomben durchschnittlich zwei Minuten und stießen dabei alle zwanzig Sekunden sternenförmige Leuchtkugeln aus, die etwa acht Sekunden brannten, so dass sich nach oben verjüngende, aus einer Vielzahl von Kugeln zusammengesetzte Gebilde ergaben, die von der deutschen Bevölkerung »Christbäume« genannt wurden. Sie ermöglichten der nachfolgenden, im Tiefflug operierenden Einheit die eigentliche Zielmarkierung mit roten Markierungsbomben. Auf diese am Boden abbrennenden Bomben konnten nun die im Hauptstrom fliegenden Bombenschützen ihre Zielgeräte einstellen und dann ihren Bombenabwurf tätigen. Um den Radar der deutschen Flugabwehr zu irritieren, wurden wiederum von speziellen, ebenfalls im Bomberstrom verborgenen Flugzeugen Unmengen von Stanniolstreifen abgeworfen, sogenannte *windows*, die zu guter Letzt auch noch »Lametta« genannt wurden. Dieses Licht und Glitzerspektakel war aber nur die Ouvertüre des eigentlichen Zerstörungswerks.

Das tiefe Brummen des von Horizont zu Horizont reichenden Bomberstroms, die über dem Häusermeer schwebenden Christbäume, die bizarre Grafik der am Himmel umherirrenden Flakscheinwerfer, das Stakkato der Leuchtspurgeschosse, die aus ihrem Fallschacht pfeifenden Bomben, die Detonationen der Sprengbomben und Luftminen, das Herabprasseln der bündelweise abgeworfenen Stabbrandbomben, die aus den Gebäuden schlagenden Flammen, das Geräusch zersplitternder Fensterscheiben, berstender Wände, durch den Raum schießender Dachziegel und Bombensplitter: All das zusammengenommen bildete einen kaum mehr ästhetisch zu begreifenden Komplex, von dem unmöglich gesagt werden kann, in welchem Verhältnis er zu dem Fassungsvermögen einer einzelnen darin eingetauchten Seele steht.

Vor diesem Hintergrund ließe sich die Szene auch so beschreiben: Der Durchhaltewillen ist den Beteiligten so tief in die Knochen gefahren, dass sie sich aus ihrer Fixierung auf genau definierte Gefühle nicht mehr lösen können. Weihnachten ist im Gegensatz zur Weltgeschichte nicht verhandelbar. Welche Funktion der uniformlose, leicht parfümiert wirkende Mann in dieser auf Zerstörung programmierten Welt gespielt haben könnte, ist nicht mehr auszumachen, wohl aber, dass er so tut, als betreffe ihn das alles gar nicht. Coolness, so ließe sich verallgemeinern, ist der Versuch, sich anwesend für abwesend zu erklären; eine Option, die als Kulturtechnik erst in der Nachkriegszeit so richtig zur Entfaltung kam, hier aber noch ungebrochen mit dem Zynismus paktiert. In einem *Archiv des Nichtwissens* könnte dieses Foto zum Platzhalter werden für den Wahrheitsgehalt brennender Bilder.

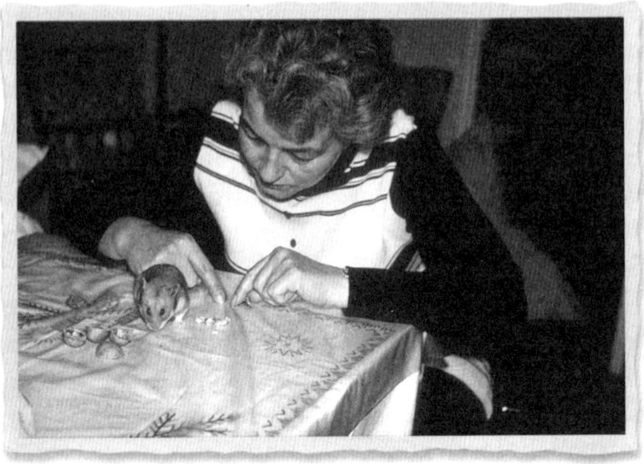

EINE FRAU, EIN GOLDHAMSTER
UND ZWEI WALNÜSSE

Eine Frau mittleren Alters sitzt mit aufgelehnten Unterarmen an einem Tisch, auf dem sich neben zwei geöffneten Walnüssen und dem herausgepulten Fruchtfleisch noch ein Goldhamster befindet. Die durch eine transparente Plastikdecke geschützte Tischdecke zeigt Weihnachtsmotive: Tannenzweige mit brennender Kerze und anhängenden Zapfen sowie ein sternförmiges Gebilde. Die umlaufende Bordüre setzt sich aus einer Abstraktion von Tannennadeln und roten Winkeln zusammen. Die Frau trägt einen langärmeligen schwarzweißen Pulli, dessen Streifenmuster an einen Barcode erinnert. Bei den beiden schwarzen Knöpfen im Brustbereich handelt es sich vermutlich um bloße Zierknöpfe. Von ihrem angegrauten, zur Dauerwelle organisierten Haar geht ein leicht goldener Schimmer aus, der auf seltsame Weise mit dem Fell des Goldhamsters, den Nussschalen und der aus dem Ärmel ragenden Armbanduhr harmoniert. Was die Frau mit ihren beiden Zeigefingern macht, ist nicht so einfach zu beschreiben. Auf den ersten Blick scheint es so, als würde sie versuchen, die nach vorne laufende und sich ins Rundliche verbreiternde Falte in der Plastikdecke zu sich hin zu verlängern oder überhaupt erst zu erzeugen. Doch ergäbe das wenig Sinn, da die gleichzeitige Anwesenheit des Goldhamsters eine solche selbstzweckhafte Beschäftigung praktisch ausschließt.

Viel wahrscheinlicher ist es, dass die Frau gerade damit beschäftigt ist, mit ihren Fingernägeln das Fruchtfleisch der Walnuss in kleine Portionen zu zerteilen und das Ergebnis dieses Tuns just im Moment der Aufnahme nach vorne hin weggeschnipst wurde, worauf auch ein zwischen Zeigefinger und Daumen ihrer linken Hand klebendes oder frei in der Luft hängendes Teilchen hindeutet. Es ist Weihnachtszeit, und alles spricht dafür, dass das Ganze eine Bescherung sein soll. Dass es sich bei der vermeintlichen Falte gar nicht um eine Falte, sondern um die verwischte Flugbahn eines solchen Nussteilchens handeln könnte, ist aufnahmetechnisch kaum zu begründen, da es sich bei der Lichtquelle um ein Blitzgerät handeln musste, dessen ultrakurzer, sich in den Knopfaugen des Hamsters spiegelnder Lichtblitz das Flugobjekt eher im Bild festgehalten als in die Unschärfe überführt hätte.

Ungeachtet dessen besticht das einem für wenige Euro ersteigerten Dianachlass aus den 1970er Jahren entnommene Foto durch das feuerrote, hinter dem Rücken der Frau hervorquellende Kissen, obwohl es ebenso wenig wie der in der unteren linken Ecke gerade noch erkennbare Apfel dem eigentlichen Bildgeschehen irgendetwas Wesentliches hinzufügen würde. Natürlich ist es der Goldhamster, der dem Bild seine besondere Note verleiht. Ein solches Tier süß zu finden erfordert keine besondere Anstrengung.

Abgesehen von der Frage, ob das Halten von Tieren in Käfigen, Ställen oder Wohnungen nicht allein schon den Tatbestand der Tierquälerei erfüllt, ist ein Goldhamster zudem noch beständig der Gefahr ausgesetzt, von unserer Tierliebe gänzlich erdrückt zu werden. Da bei ihm Wehrlosigkeit und Niedlichkeit fast dasselbe sind, hat er praktisch keine Chance, unserem Fürsorgeinstinkt zu entgehen. Ob er imstande gewesen wäre, die beiden Walnüsse selbst zu knacken, muss offen bleiben. Sicher ist nur, dass der eigens für ihn freigelegte und dann auch noch hübsch portionierte Inhalt unmittelbar und ohne irgendwelche Nebengedanken von ihm einverleibt werden wird und sei es auch nur in die eigens zu Transportbehältern entwickelten Backentaschen. Dass eine Walnuss sowohl außen wie innen an ein Gehirn erinnert oder dass die Lust am Knacken von Nüssen bis zu einer Wissenschaft fortentwickelt werden kann, spielt für ihn keine Rolle. Eine Manna spendende Göttin ist außerhalb seines Fassungsvermögens. Sein Universum kommt ohne solche künstlichen Entgrenzungen und Überhöhungen aus. Das unterscheidet ihn von uns.

In seinem Buch *Das Universum in der Nussschale* zitiert der an den Rollstuhl gefesselte und nur noch mittels eines Sprachcomputers mit der Außenwelt verkehrende Physiker Stephen Hawking aus Shakespeares *Hamlet*: »Oh Gott, ich könnte in einer Nussschale eingesperrt sein und mich für einen König von unermesslichem Gebiete halten.« Ein Hinweis darauf, dass wir Menschen trotz aller physischen Einschränkungen und trotz unseres begrenzten Verstands uns nicht davon abhalten lassen sollten, das uns in jedem Sinn übersteigende Universum zu erforschen. Unsere Winzigkeit sollte jedenfalls kein Grund dafür sein, das große Ganze für etwas prinzipiell Unausfüllbares zu halten. Denn so wie wir alle im Universum drinstecken, so steckt dieses ja in gewisser Weise auch in uns. Zwar nicht unbedingt als elaboriertes naturwissenschaftliches Wissen, aber doch als Ahnung, dass das Schädelvolumen nichts mit der Reichweite des Bewusstseins zu tun hat. Das »Universum im Kopf« ist als Redensart jedenfalls nicht leerer als das Universum selbst.

Das Cover des Buchs zeigt eine wie eine Muschel geöffnete Walnuss, in deren Innerem »das Universum« als kugelförmiger Galaxienhaufen ansichtig wird. Ein heller Lichtfleck in der Mitte veranschaulicht den Big Bang, mit dem der Theorie nach alles seinen Anfang nahm. Sollte das aus einem unendlich kleinen Punkt herausexplodierte Universum eines fernen Tages wieder kollabieren und erneut auf einen Punkt zusammenschrumpfen, was unter Kennern »big crunch« genannt wird, wäre unsere gegenwärtige Winzigkeit sogar vergleichsweise riesig gewesen. Das tröstet.

Das dritte Kapitel seines Buchs heißt abweichend vom Gesamttitel »Das Universum in *einer* Nussschale« (Hervorhebung durch den Autor). Dort wird gezeigt, dass die Geschichte *unseres* Universums nur eine von unendlich vielen ist. Der Grund hierfür ist ein rein wahrscheinlichkeitstheoretischer: »Da das Universum ständig würfelt, um zu sehen, was als nächstes geschieht, hat es nicht nur eine einzige Geschichte, wie man denken könnte, sondern jede irgend mögliche Geschichte, jede mit ihrer eigenen Wahrscheinlichkeit. Es muss eine Geschichte des Universums geben, in der Belize alle Goldmedaillen gewonnen hat, obwohl die Wahrscheinlichkeit dieser Geschichte vielleicht eher gering ist.« Und der Untertitel des Kapitels lautet: »Das Universum hat viele Geschichten, von denen jede durch eine winzige Nuss bestimmt wird.« Darunter ist das Bild einer noch ungeöffneten Walnuss zu sehen.

Insofern alles Denkbare hier mit dem nach Wahrscheinlichkeiten gestaffelten Tatsächlichen zusammenfällt, könnte man dieses Konzept eines Multiversums auch seine totale Subjektivierung nennen. Eine sich selbst erwürfelnde Welt kann Hawking zufolge auf einen Schöpfergott verzichten. Die Vorstellung, da hätte sich jemand was ausgedacht und dann auf den Startknopf gedrückt, sei albern. Erst recht, dass jemand irgendwo dasitzt und beständig in die Geschehnisse eingreift. Was nicht ausschließt, dass kluge Köpfe immer wieder auf den Gedanken kommen, die Fehlstelle mit sich selbst zu besetzen.

Seitdem die Kosmologen und Quantenphysiker die Rolle der Surrealisten übernommen haben und uns mit maximal bizarren Bildern beliefern, ist es schwer, sich als Künstler oder Schriftsteller noch etwas ähnlich Originelles einfallen zu lassen. Sätze wie die folgenden – einer Abhandlung über String-Theorien entnommen – sind hinsichtlich ihrer Exotik von literarischer Seite jedenfalls kaum mehr zu toppen: »Ein geschlossener String lässt sich auf verschiedene Weise im aufgewickelten Raum einfangen. Er könnte sich beispielsweise durch ein Loch winden oder hindurchtunneln, ohne das Vorzeichen zu wechseln, oder als Orbifold im Calabi-Yau-Raum stecken bleiben. Jedoch lassen sich die Schleifen eines geschlossenen Weges, der sich mehrfach durch ein Loch im mehrdimensionalen Orbifold windet, bei bestimmter Windungszahl beseitigen. Möglicherweise bildet ja der Orbifold-Raum den stark gekrümmten sechsdimensionalen Hintergrundraum, in dem sich Strings bewegen. Die überzähligen Dimensionen der Raumzeit bleiben dabei aufgewickelt, egal, ob man nun den Weltflächentorus wie eine Wurst oder ein Yoyo aufschneidet. Irgendwie hängt alles von der Wahl der kosmologischen Konstante ab. Deren experimenteller Wert ist Null mit einer Genauigkeit von zehn hoch minus zwanzig. Aus den topologischen Eigenschaften der sechs aufgewickelten Dimensionen ergeben sich noch viele andere physikalische Konsequenzen. Eine der grundlegenden Eigenschaften eines Raumes ist beispielsweise seine Eulerzahl. Wäre der aufgewickelte Raum zweidimensional, so wäre die Eulerzahl gleich zwei minus dem Geschlecht der Fläche, wobei das Geschlecht gleich der Anzahl der Löcher ist. Für sechs Dimensionen ist die Eulerzahl weniger einfach zu erklären.«

Im Vergleich dazu wäre ein Satz wie »Ein Goldhamster bekommt zu Weihnachten Walnüsse geschenkt« von so ungeheurer Banalität, dass ihn auszusprechen fast schon wieder etwas Erlösendes hätte. Doch ist der Unterschied zwischen wissenschaftlicher Phantastik und banalem Alltag auch kein absoluter. Denn nach der oben genannten Theorie könnte das Universum auch eine holografische Struktur besitzen, die es im Prinzip erlaubt, aus jedem beliebigen Bruchstück auf das große Ganze zu schließen oder von jeder beliebigen Stelle des gefalteten Raum-Zeit-Kontinuums aus – via natürlichem oder künstlichem Wurmloch – eine Abkürzung auf die andere Seite zu nehmen.

Dann könnte, um nun endlich wieder auf das Foto zu sprechen zu kommen, die vermutlich als Nebenprodukt einer Zerkleinerungsarbeit in der Plastiktischdecke entstandene Falte genau den Tunnel bilden, durch den der Goldhamster verzugslos und mit vollen Backen zu seinem geliebten Laufrad zurückfindet. In jedem noch so exotischen Universum, in jeder noch so bizarren Zukunft ist davon auszugehen, dass die darin hausenden Wesen ihr Dasein letztendlich ganz normal, um nicht zu sagen *stinknormal* finden werden. Das Triviale ist vielleicht das einzige, von dem wir annehmen dürfen, dass es überall dasselbe ist.

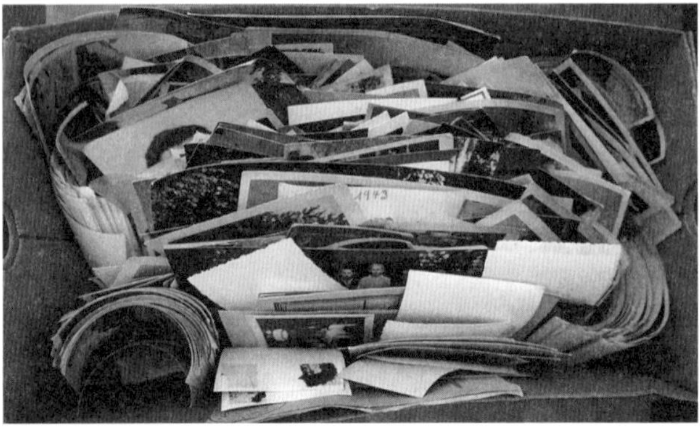

FOTOKARTON

Die digitale Archivierung riesiger Fotobestände führt nicht nur zu einem allmählichen Verschwinden der analogen Bildträger, sondern auch der damit verbundenen Handlungsformen. Es macht schließlich einen Unterschied, ob Bilder angefasst, weggeschmissen und zerrissen werden können oder nicht. Das Kramen in Fotokisten, das Vorführen handsortierter Dias, das Blättern in Alben ist etwas anderes als das Aufrufen von Bildern durch ein Klicken, Tippen oder Wischen.

Wenn die Fingerspitzen allmächtig werden, verfliegt das Gefühl für die feinen Unterschiede im Umgang mit materialisierten Bildern. Während es noch eines gewissen Fingerspitzengefühls bedurfte, um das zwischen die Seiten eines Fotoalbums eingefügte Spinnwebenpapier so umzuwenden, dass es keinen Knickschaden erleidet, ist das Wegwischen von Bildern auf einer von innen beleuchteten Scheibe eine vergleichsweise simple und risikolose Angelegenheit.

So kann auch der gewellte und gezackte Zierrand eines alten Fotoabzugs eine für das Verständnis des Bildes bedeutsame Botschaft enthalten, indem er uns darüber informiert, wie dieses Foto überhaupt zu betrachten sei, nämlich als ein von seiner Umgebung vollkommen abgetrenntes, mithin autonomes Gebilde, das – einem gerahmten Gemälde gleich – einen Mindestabstand zu jedem anderen seiner Art einfordert, um dann nach einer Phase verschärfter Aufmerksamkeit in Würde altern zu können. Die auf Festplatten und in Clouds gespeicherten oder auf allen möglichen Plattformen ins Netz gestellten und von dort aus jederzeit abrufbaren Digitalisate sind hingegen auf ihren reinen Bildcharakter reduziert und damit maximal entwirklicht; auch in dem Sinn, dass ihre Ortlosigkeit nun zu einer konstitutiven geworden ist und der ursprüngliche Bildinhalt beliebig überschrieben werden kann. Anders gesagt: Die Idee der Fotografie als Träger einer von der Wirklichkeit selbst gezeichneten Spur wird zunehmend ersetzt durch die Vorstellung, dass die Grenze zwischen Bild und Wirklichkeit selbst eine flüssige geworden ist und es bald kein Erstaunen mehr hervorrufen wird, wenn jemand behauptet, sich als Teil eines Bildes zu empfinden, das den Titel Wirklichkeit trägt.

Wiewohl die Fotografie von jeher auf universelle Verwendung hin angelegt war, da ein Foto im Prinzip unendlich oft reproduziert und auf allen möglichen Trägermaterialien sichtbar werden kann, stand sie in ihrer analogen Phase naturgemäß noch unter so etwas wie Dingverdacht. Selbst wenn ein Foto in einer millionenfach verbreiteten Zeitschrift abgebildet war oder als reine Projektion ansichtig wurde, war klar, dass irgendwo ein materielles Etwas existiert, auf das dieses Foto zurückgeht. Doch in dem Maß, wie nun die Relikte der analogen Welt, wo sie nicht von historischem Interesse sind, ausgemustert werden, eröffnet sich die Chance, die im Vorhof ihrer massenhaften Entsorgung entstehenden Abschiedsbilder als Denkbilder zu betrachten.

Einige dieser der Privatsphäre entstammenden Konvolute werden bei Online-Auktionen angeboten, insbesondere Dias, da deren Betrachtung auf einer mittlerweile antiquierten und überdies umständlichen Technik beruht und da sie aufgrund ihrer einheitlichen Größe mithilfe von Scannern noch einigermaßen effektiv in die digitale Welt transkribiert werden können, nach ihrer endgültigen Erfassung aber nur noch Platz verschwenden würden.

Zu sehen bekommt man auf diesen Angebotsseiten akkurat aufeinandergestapelte Diakästen, spontan auf Tischen ausgelegte, in Papiertüten oder Kartons gestopfte oder chaotisch zu einem Haufen zusammengeworfene Diarähmchen und Papierabzüge, bisweilen sekundiert von in Pergaminhüllen gesteckten oder in Blechhülsen aufgerollten Negativstreifen. Die potentiellen Käufer dieser Konvolute müssen sich dabei ganz auf die summarischen Beschreibungen der Verkäufer verlassen, also auf Aussagen wie: »Urlaub 50er/60er Jahre, Dolomiten, Spanien, in Farbe« oder »Alte Glasdias: italienische Kirchen« oder einfach nur »Privataufnahmen«.

Obwohl sich diese Ad-hoc-Inszenierungen wohl kaum einer gestalterischen Absicht, sondern weit eher dem Zufall und der Zeitnot verdanken, ist ihre Aussagekraft enorm. So eben sehen Relikte der analogen Welt aus, wenn sie keinen Gebrauchswert mehr haben, aus Gründen der Pietät aber auch nicht einfach weggeworfen werden konnten, zumal sich ja vielleicht doch noch jemand findet, der darin eine Entdeckung machen und sie damit zu neuem Leben erwecken könnte. Die in diesen Transitgebilden zum Ausdruck gebrachte Botschaft kommt uns irgendwie bekannt vor.

Der hier gezeigte, mit Fotos aller Art vollgestopfte Karton – online angeboten unter »Konvolut Fotos allerlei« – bietet einen überraschenden Einblick in das physische Eigenleben einer aus mehreren hundert Einzelfotos bestehenden Sammlung. Einzelne Stöße von Fotos haben sich offenbar unter Feuchtigkeitseinfluss so zusammengekrümmt, dass sie paketweise dem Karton entnommen und ohne umzufallen auf die Kante gestellt werden könnten. Doch das wirklich Erstaunliche ist die sich durch das Konvolut ziehende S-Kurve, die den Eindruck erweckt, als würde der Inhalt von einer Blattfeder zusammengehalten – oder als hätte das gesamte Material aus sich heraus eine Art Stützskelett ausgebildet, das wiederum zu einer sich selbst verdauenden, einen Blätterteig hinterlassenden Bilderschlange gehört und die spekulative Frage aufwirft, ob die aus der Kompostierung von Bildern hervorgehenden Strukturen so etwas wie ein Eigenleben entwickeln und sich selbst zu einem Bild organisieren könnten.

In diesem an eine geologische Schichtung erinnernden Zustand sind natürlich nur wenige fotografische Details zu erkennen: eine männliche Stirn, mehrfach das Laub eines Baumes, drei nebeneinander stehende Jungen, eine männliche Person vor einem Nadelbaum, ein Wohnzimmertisch mit stoffbespanntem Lampenschirm darüber, ein orangefarbenes Feld mit einer undefinierbaren Zahnstange. Und dann auf der Rückseite eines genau in der Mitte steckenden Fotos die handgeschriebene Jahreszahl 1943, wohl ein Versuch des Verkäufers, die Aufmerksamkeit der Fotosammler – denn wer sonst sollte so etwas kaufen – auf die Kriegsjahre zu lenken. Denn noch immer gilt alles, was mit dem Krieg zusammenhängt, als besonders sammelwürdig.

Der sich um diese ominöse Zahl herumwindende Fotokorpus ermöglicht uns einen Blick in die Zukunft der Archive. Statt irgendwelchen der Wirklichkeit auf ewig hinterherhinkenden Begriffen zugeordnet zu werden, könnte das eingehende Material an diesem exklusiven Ort ausschließlich seinen selbstorganisierenden Kräften überlassen werden und sich nach und nach in so etwas wie eine Skulptur verwandeln. Jedenfalls ist die Scheu, in diesen Karton zu greifen, um sich seines Inhalts zu vergewissern, nur begreifbar unter der Annahme, dass dadurch etwas in seiner Bedeutung noch gar nicht Abschätzbares unwiederbringlich zerstört werden könnte. Gegen das vorschnelle Kramen in Nachlässen aller Art hilft vielleicht nur, sie erst einmal als ein Ganzes zu betrachten, als Bild, und es vollkommen offen zu lassen, ob dieses Bild etwas bedeutet oder nicht.

114

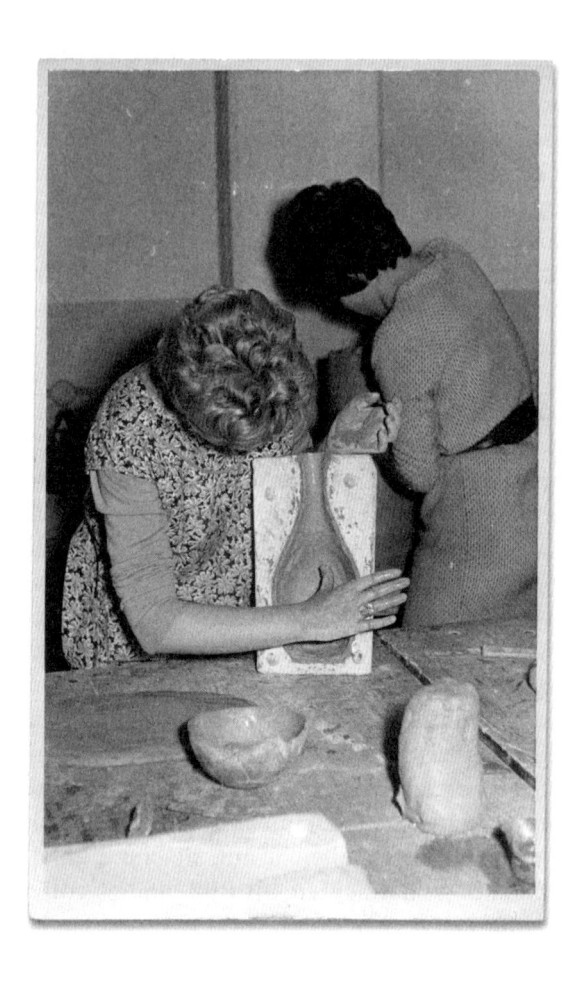

EINE VASE

Vasen sind Gefäße, in die man Blumen hineinsteckt, um ihnen Halt zu geben und sie mit Wasser zu versorgen; und natürlich, um das, was ohnehin schon schön ist, noch schöner erscheinen zu lassen. Da sie jedoch in beständiger Konkurrenz mit ihrem potentiellen Inhalt stehen, nimmt es nicht wunder, dass sie auch im leeren Zustand auf sich aufmerksam machen wollen.

Dass es so viele unschöne oder geschmacklose Vasen gibt, hat mit der menschlichen Kreativität im Allgemeinen, mehr noch aber mit dem Problem der Überproduktion zu tun. Wenn selbst noch die einfachste Idee zu unendlichen Erscheinungsformen gezwungen wird, führt das zwangsläufig zu einem Nachhinken der Geschmacksbildung. Das Schöne kann sich dann gegen den Ansturm der Einfälle kaum mehr behaupten, was wiederum die Sehnsucht nach einer Vase *schlechthin* beflügeln kann. Als wäre es möglich, die platonische Idee einer Vase unmittelbar in Wirklichkeit umzusetzen – oder umgekehrt: die Summe aller Vasen zu einem einzigen archetypischen, jedem Originalitätsanspruch abholden Gebilde zu verdichten.

Etwas sich zu einem Schlauch verjüngendes Bauchartiges ist überdies prädestiniert dafür, als Höhle im weitesten Sinn interpretiert zu werden. Was immer durch eine relativ enge Öffnung in etwas weites Inneres führt, darf getrost als etwas Regressives bezeichnet werden. Der Weg in umgekehrter Richtung – aus der Höhle heraus – heißt bekanntlich Erkenntnis.

Auf dem Foto sehen wir zwei Frauen, die mit Ton arbeiten. Das zentrale Objekt ist ein heller Block aus Gips, dessen vasenförmige Vertiefung mit Ton ausgekleidet ist. Die daran arbeitende Frau hat ihre linke, mit Ton beschmierte Hand auf der Gipsform aufgelehnt, während sie mit dem abgespreizten Daumen der rechten den Ton im bauchigen Inneren ausstreicht. Die in halber Rückenansicht gezeigte Frau rechts davon arbeitet an einem nicht näher bestimmbaren Tongefäß. Die hier zur Anwendung kommende Vervielfältigungstechnik ist eine relativ simple Angelegenheit, die wenig gestalterischen Spielraum lässt. Von was auch immer wird eine zweiteilige Gipsform angefertigt, jede davon mit Ton ausgestrichen und auf die Ränder als Klebstoff etwas Tonschlicker aufgetragen. Dann werden die beiden Hälften zusammengefügt und, sobald der Ton angetrocknet ist, wieder vorsichtig voneinander gelöst, so dass das nun fertig gestaltete Gebilde versäubert und gebrannt werden kann.

Klar ist: Das Foto ist einzig deshalb gemacht worden, um einen bestimmten Arbeitsschritt beim Herstellen einer solchen Tonvase im Bild festzuhalten. Und wie bei allen technischen Demonstrationen sollen die daran beteiligten Personen möglichst neutral erscheinen, so als gäbe es sie gar nicht. Wichtig ist nur, was die Hände tun. Doch wie so oft, wenn etwas überdeutlich in Szene gesetzt werden soll und das Interesse daran erlahmt oder die technische Bildhandlung mangels Kontext gar nicht mehr verstanden wird, verlagert sich die Aufmerksamkeit auf die nicht eigentlich zur Sache gehörenden Elemente des Bildes. Anders gesagt: Ist der Blick erst einmal vom Vollzug der intendierten Bildbotschaft entlastet, geraten Dinge in den Fokus, die mit dem ursprünglich Gemeinten wenig bis gar nichts zu tun haben. Allein schon die Gesichtsabkehr der beiden Frauen reicht hin, um den Ausfall physiognomischer Deutbarkeiten durch allerlei Nebenbeobachtungen zu kompensieren. Die im Vordergrund befindlichen Objekte – die andere Hälfte der Gipsform, der ungestalte Tonklumpen, die handgeformte Schale und der wie ein Pizzateig daliegende Tonfladen – lassen sich noch dem didaktischen Auftrag des Bildes zurechnen. Doch schon das vom Arbeitsdaumen abstehende, feuchtglänzende Fingerquartett der Hauptakteurin kann die vergleichsweise marginale Frage aufwerfen, ob der am Ringfinger zu erahnende Ring mit Ton beschmutzt ist oder zu seinem Schutz eigens abgeklebt wurde. Oder warum die zu Dauerwellen organisierte Haarlandschaft der blonden Frau so auffällig mit dem wild-floralen Muster ihrer Schürze harmoniert, was wiederum in seltsamem Kontrast steht zu dem kleinteiligen und strengen Rautenmuster auf dem Kleid der dunkelhaarigen, diskret im Hintergrund operierenden Frau. Doch statt von den Unwesentlichkeiten dieses Fotos möglicherweise in die Irre geführt zu werden, ist es ebenso gut möglich, den ihm inzwischen zugewachsenen Sinngehalt auf einen Schlag zu erfassen.

Eine auf das Genre Tonfeldtherapie spezialisierte Kunsttherapeutin aus meinem Bekanntenkreis wurde beim Anblick des Fotos ganz spontan an »eine Hausgeburt in den Sechzigern« erinnert. »Die linke Hand blutverschmiert, die rechte wacht über das Köpfchen.« Wobei sie hinzufügte, dass aus ihrem Umfeld derzeit eine Unmenge von Geburtsgeschichten auf sie einströme, insbesondere sei die »verzweifelte Suche nach Hebammen hier in Berlin gerade ein großes Thema«. Eine gute Freundin von ihr streichle sich ständig versonnen ihren schwangeren Bauch und kommentiere dabei ohne Unterlass die Bewegungen des darin befindlichen »wilden Jungen«, was auf eine Nichtmutter wie sie schnell penetrant wirken könne.

Und eine als Künstlerin ausgebildete Schriftstellerin fasste mir gegenüber »die gruselige und anrührende Freizeit-Welt dieser Frauengeneration vor dem Feminismus« unter dem Stichwort »Gebärmutterpflege« zusammen, wobei »die Symbolik ihres Tuns ihnen selbst gerade verborgen bleiben musste, weil das vorausgesetzt hätte, etwas von der eigenen Person und ihrer Position in der Welt zu wissen«. Ihr fielen sofort die Seidenmalereien ihrer Mutter ein, die ihre Begeisterung und ihren Schaffensstolz auf zugleich rührende wie unangenehme Weise in die Familie abzustrahlen versuchte, wenngleich diese mütterliche Entfesselungsübung der Tochter damals schon wie »ein Zeugnisablegen mit verbundenen Augen« vorkam.

Es wäre billig, sich vor dem Hintergrund solcher Assoziationen über die offensichtlich der Hobbykunst zuzurechnende Bemühtheit dieser Szene lustig zu machen, insbesondere im Zusammenhang mit den Begriffen Hausfrau und Selbstverwirklichung. Das Naserümpfen vieler Künstlerprofis über alles, was an Liebhaberei und naive Schaffensfreude erinnert, mag zwar einige nachvollziehbare Gründe haben, mutet mittlerweile jedoch etwas seltsam an, da ja gerade Künstler sich seit längerem gerne als – im Zweifelsfall geniale – Dilettanten gerieren und keine Chance auslassen, ihrer Umwelt zu signalisieren, dass sie über das bloße Handwerk hinaus seien und wenn überhaupt, dann nur noch einen ironischen Gebrauch davon machten.

Der berühmte Spruch »Jeder Mensch ist ein Künstler« war seinerzeit sicher gut gemeint gewesen, aber doch so weit von oben herab und ins Blaue hinein gesprochen worden, dass er unten gar nicht wirklich ankommen konnte. Wahr hätte er überhaupt nur dann sein können, wenn die damit Gemeinten, also wir alle, selber darauf gekommen wären. Man darf annehmen, dass den beiden Frauen die Frage, ob sie nun Künstlerinnen seien oder nicht, herzlich egal gewesen wäre. Jenseits aller Rollenklischees verweist ihre Selbstzurücknahme auf eine Ästhetik des Zeigens. Gut möglich, dass in der auf dem Foto dokumentierten Performance die Herstellung einer Vase nur den Vorwand bildete für eine Zurschaustellung der in jeder handwerklichen Demut verborgenen Lust an der Wiederholung. Etwas, das sich wirkliche, das heißt auf die beständige Hervorbringung von Neuem programmierte Künstler niemals eingestehen würden, obwohl sie sich heute faktisch ebenso im Kreis drehen wie alle anderen primär mit sich selbst beschäftigten Subjekte.

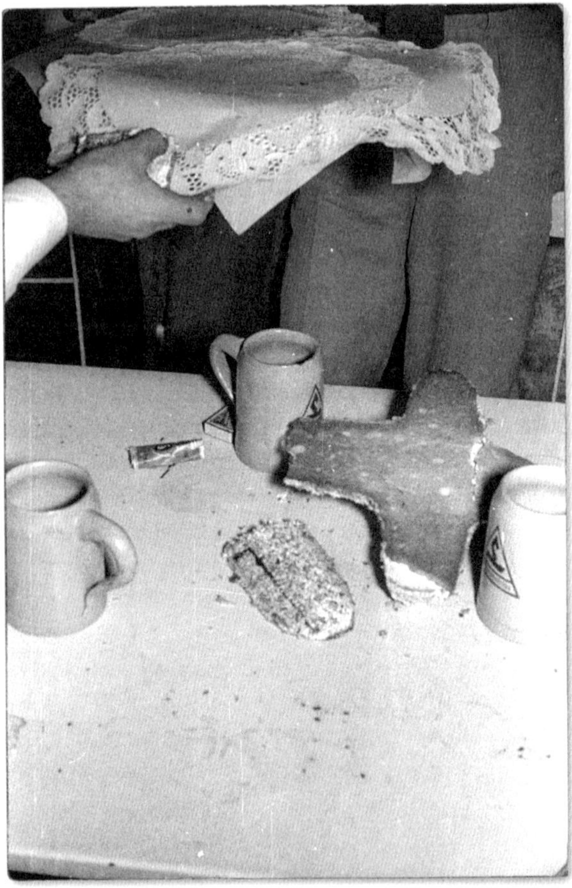

TORTENSPITZEN

Ein Tisch ist ein idealer Landeplatz für alles, was sonst nur ziellos herumfliegen würde. Abstellfläche und Nutzraum zugleich, regelt ein Tisch auf einfachste Weise den häuslichen Verkehr. Nie verlassen die Dinge hier die Reichweite der menschlichen Hand, lassen sich vielmehr beliebig gegeneinander verschieben, so dass sich stets neue Bilder einstellen. Am schönsten ist ein Tisch wohl dann, wenn in seiner Mitte eine Torte gelandet ist. Dann weiß man, dass an *Tischlein deck dich* doch etwas dran ist.

Auf einem Negativstreifen mit der Aufschrift »Kinder, Weihnachten, Eisenbahn, 1953« aus dem Nachlass meines Vaters entdecke ich ein Foto, von dem nie ein Abzug existiert hat. Die Gründe hierfür liegen auf der Hand: Alles, was ein Foto attraktiv macht – bekannte Personen, sehenswerte Objekte oder malerische Landschaften –, fehlt hier auf eine fast demonstrative Weise. Ein Totalausfall sozusagen. Und dennoch existiert diese Aufnahme. Sie scheint auch nicht versehentlich aufgenommen worden zu sein. Hierfür wirkt die Szene zu »inszeniert«, auch wenn deren Botschaft so ohne Weiteres nicht erkennbar ist. Ein Spezialfall.

Irgendetwas jedenfalls muss den Fotografen veranlasst haben, auf den Auslöseknopf zu drücken. Irgendetwas sollte festgehalten werden, obwohl doch auf den ersten Blick überhaupt nichts Festhaltenswertes zu entdecken ist.

Die anderen Fotos dieses noch immer in seiner Falthülle steckenden Films zeigen meine Mutter mit ihren in Taufkleidung gesteckten Zwillingen im Arm, dann dieselben schlafend im Bett oder verzückt bis irritiert in den mit Glaskugeln und brennenden Kerzen bestückten Weihnachtsbaum blickend. Sowie mehrfach und aus allen möglichen Winkeln den auf einem Beistelltisch stehenden Weihnachtsbaum, mit zum großen Teil noch verpackten Geschenken darunter. An eine Flasche mit Eierlikör gelehnt, ist ein bereits ausgepacktes oder überhaupt nie verpackt gewesenes Buch mit dem Titel *50 Jahre Motorflug* zu sehen, auf dessen zweigeteiltem Umschlag links ein Ritterkreuzträger in Paradeuniform und rechts daneben ein Luftwaffenpilot in Kampfmontur abgebildet ist. Außerdem, in einem Raum mit Dachschräge, noch die Ansicht einer idyllischen Modelleisenbahn mit einem steilen, aus einem Kartoffelsack herausmodellierten Berg, der von mehreren Tunnels durchlöchert und so riesig ist, dass er einem Kind als Versteck hätte dienen können.

Doch dieses hier abgebildete und vermutlich zum ersten Mal ins Positive übertragene Bild kann mit solch klassischen Erinnerungsmotiven nicht mithalten. Dort, wo man ein zentrales Bildobjekt oder doch so etwas wie eine Bildintention vermutet, ist praktisch nichts. Jedenfalls nichts, das sich so einfach erzählen ließe. Über einem Tisch mit drei Bierkrügen, einer zusammengeknüllten Zigarettenpackung der Marke Eckstein No. 5, einer Schachtel Streichhölzer mit der Aufschrift »Welt-Hölzer« sowie dem seltsam kreuzförmigen Rumpf eines Riesengebäcks samt abgefallenem Bruchstück schwebt eine mit drei runden Spitzenunterlagen belegte Platte, auf der sich Kuchen oder Torten befunden haben müssen. Dass das auf dem Tisch liegende Gebilde unmittelbar vor der Aufnahme versehentlich von dieser Platte heruntergerutscht und dann zerbrochen sein könnte, ist wenig wahrscheinlich, da sich die von einer Hand gehaltene Platte in einer stabilen Waagrechten befindet.

Doch welchen Grund sollte es gegeben haben, gerade den unappetitlichsten Teil eines Festgelages im Bild festzuhalten? Ein Versehen? Oder vielleicht doch eine geheime Botschaft? Wir wissen es nicht. Der Umstand, dass von dieser Aufnahme kein Abzug existiert, kann vieles bedeuten. Jedenfalls geht von der Unterbestimmtheit dieses Fotos eine Sogkraft aus, die sich kaum abbremsen lässt. Schon weil Süßes und Bier so gar nicht zusammenpassen wollen, sieht sich die Fantasie aufgefordert, diese Lücke mit Hypothesen aller Art zu schließen. Dies betrifft insbesondere den kreuzförmigen Rumpf des zwischen die Bierkrüge geratenen Monstergebäcks, dessen Schichtung mit einiger Sicherheit auf einen gefüllten Biskuitteig schließen lässt oder zumindest auf einen seltenen Fall von Bäckerkunst. Zwischen diesem bauchigen Teiggebilde und den darüber schwebenden Tortenplatten hat sich – wie zwischen zwei Kondensatorplatten – eine Spannung aufgebaut, die sich jederzeit in Richtung Betrachterauge entladen kann.

Die Interpretationsansätze in meinem Bekanntenkreis reichen hinsichtlich des kreuzförmigen Rätselgebildes von einem »etwas zu groß geratenen Weihnachtsstern« über eine »eigens für das Jubiläum eines Modelleisenbahners gebackene Weiche« bis hin zu einem »von einem Ufo abgeschossenen und zwischen drei tönernen Säulen zerschellten Kampfflugzeug«. Das auf den drei Bierkrügen zu erkennende Logo – ein in Fraktur gesetztes L – der von der Brauerei Robert Leicht produzierten Marke Schwaben Bräu erinnerte die mit den lokalen Biersorten vertrauten Menschen von jeher an eine aufgerichtete Kobra, als stünde Schaum vor dem Mund nicht nur für die stinknormale Bierseligkeit, sondern auch für die Exotik eines tödlichen Schlangenbisses.

Die darüber schwebende, komplett leergeräumte Tortenplatte wird hingegen unisono unter einem sakralen Aspekt betrachtet, als handle es sich um einen Akt der Segnung oder um die »metaphysische Deckelung eines im Orient gestrandeten Kreuzritters«, wenn nicht um »eine zur Süßspeise verfeinerte Abendmahlsversion des Gekreuzigten selbst«. Die weiße Tischdecke und die drei runden Spitzenunterlagen, auch Tortenspitzen genannt, werden zudem noch als protestantische oder katholische »Spielarten der Idee der Reinheit« gelesen, wobei die Krümel und Fettabdrücke als Konzessionen an die Wirklichkeit zu betrachten seien.

Ein bekannter, auf die Ausdeutung aller möglichen Bildquellen spezialisierter Kunsttheoretiker interessierte sich vor allem für den Schatten auf dem Hosenbein der rechts im Hintergrund befindlichen Person: Kommt er von der Krawatte? Oder – wahrscheinlicher – von der nach unten gekrümmten Ecke der Tortenspitze? Aber auch andere Fragen stellen sich: Wie passen die drei Bierkrüge zu Biskuit? Und sehen wir passend zu den drei Krügen auch drei Personen auf dem Bild? Eine Frau, die die Tortenplatte reicht, und zwei Männer im Hintergrund?

Derartige Betrachtungen ließen sich zu einem ans Mythische oder Esoterische grenzenden Bild verdichten: Ein von göttlicher Hand gesteuertes Ufo ist auf dreitönernen Kobra-Säulen gelandet und hat dort ein von Bierschaum aufgedunsenes Krümelmonster aus sich entlassen, das nun die nackte Wahrheit zu repräsentieren hat, in seiner Missgestalt aber von nichts anderem träumt, als von Tortenspitzen umfasst zu werden, um unter diesem wahlweise an ein Taufkleid oder ein Leichenhemd erinnernden Gewand für immer zu verschwinden. Doch es geht auch einfacher: Eine Karikaturistin, die allerdings mit der Vergangenheit des Fotografen in Umrissen vertraut ist, bringt den Inhalt des Fotos auf eine maximal plausible Lesart. Sie schreibt: »Was auf den ersten Blick wie ein versehentlich ausgelöster Schnappschuss aussieht, erweist sich bei näherer Betrachtung als Dokument einer mit einfachen Mitteln nachgestellten Demonstration eines Flugzeugabsturzes. In einem Lokal wird geraucht, getrunken, geredet: Ein Kampfflugzeug aus dem Zweiten Weltkrieg zerschellt zwischen drei durch Bierkrüge symbolisierten Häusern. Der aus Biskuit- oder Rührteig gebackene Bomber wurde aus geeigneter Höhe von einer mit Tortenspitze belegten Abflugrampe abgeworfen und liegt nun mit abgebrochenem Rumpfwerk zwischen den Objekten. Beteiligt an diesem Kriegsspiel sind mindestens drei Männer: der die Tortenplatte haltende Bomberpilot und seine beiden männlichen Zuschauer.«

Dem wäre eigentlich nichts hinzuzufügen, außer vielleicht, dass auf der Tischdecke ganz vorne, links von der Mitte, ein von Krümeln umgebener, *seesternförmiger* Abdruck zu erkennen ist, ein Fakt, der die Deutung des Fotos in eine noch ganz andere Richtung lenken könnte.

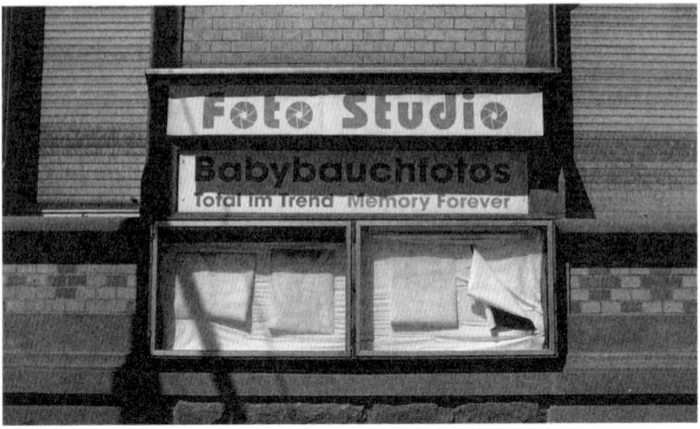
Foto Studio
Babybauchfotos
Total im Trend Memory Forever

BABYBAUCHFOTOS

Ein Leser dieser Zeitschrift hat mir vor einigen Monaten dankenswerterweise ein Foto mit dem Vermerk »Für Ihre Sammlung?« zukommen lassen. Zu sehen ist ein an eine Backsteinfassade gehängter, zweiteiliger Schaukasten mit vier längst verblassten und durch Hitzeeinwirkung in verschiedenen Stadien des Zusammenrollens befindlichen Fotoabzügen. Darüber ein von der Wand abgesetztes Werbebanner mit der in orange gehaltenen Aufschrift *Foto Studio*, deren drei O den Blendenlamellen eines Kameraobjektivs nachempfunden sind und von der Typografie her an die 1970er Jahre erinnern. Darunter ein direkt an die Fassade geschraubtes Schild mit der Aufschrift »Babybauchfotos«und »Total im Trend« (in Blau) sowie »Memory Forever« (in Orange).

Allein schon der formale Gegensatz zwischen der ruhigen Backsteinfassade, den wie für immer herabgelassenen Rollos, dem behäbigen Natursteinsockel, dem schon leicht angerosteten Schaukasten und der nach Aufmerksamkeit schreienden Wortkaskade lässt die werbeästhetischen Absichten der Installation auf fast schon ironische Weise ins Leere laufen.

Eigentlich verwunderlich, dass der schwangere Bauch nicht schon früher als Fotomotiv entdeckt wurde, bietet er doch eine Fülle von Möglichkeiten, kreativ ins Licht gesetzt zu werden. Kein Fotostudio, das sich diese zwischen Mutterkult, Elternstolz und straff gespannter Erwartung angesiedelte Schwangerschaftserotik entgehen lässt. »Mit unseren Babybauchfotos möchten wir die Kraft, Liebe, das Glück und Selbstbewusstsein schwangerer Frauen widerspiegeln« heißt es in der Online-Annonce eines darauf spezialisierten Fotofachgeschäfts. Die Skala der einschlägigen Bildvorschläge reicht von herzförmig über dem Bauchnabel zusammengeführten Händen über an den schwangeren Bauch gelegte Partnerohren bis hin zu bunten Gummibärchen, die in stehender Haltung wie Spielzeugindianer auf die gespannte Bauchdecke gesetzt sind und wohl den Kinderwunsch als solchen zum Ausdruck bringen sollen.

Angesichts dieser sich bis in die Amateurfotografie fortsetzenden Babybauchfaszination lässt sich kaum mehr nachvollziehen, wie der schwangere Bauch überhaupt so lange als Anomalie, als anschwellende Beule oder als vorübergehende Peinlichkeit eingestuft und durch entsprechende Umstandskleidung eher kaschiert als exponiert wurde. Die Ästhetisierung dieser verkitschbaren »Babykugel« setzt natürlich voraus, dass Kinder zur Mangelware geworden sind und der Körper ganz allgemein einem Aufwertungsdruck ausgesetzt ist.

Was nun den Inhalt des Schaukastens betrifft, so habe ich inzwischen den originalen Ort aufgesucht, um mir die Fotos genauer anzuschauen. Auf der mir zugesandten Aufnahme war nur schemenhaft erkennbar, was die etwa DIN-A4-großen, auf eine weiße Plastikfolie gepinnten Fotoabzüge zeigen. Die Ausbleichung ist derart fortgeschritten, dass die Suche nach Babybäuchen auch im Vergrößerungsmodus zu keinen eindeutigen Resultaten führt. Zu erkennen sind zwar – bei gutem Willen – Stücke nackter Haut, ein Arm, eine weibliche Brust, ein Babygesicht, ein in High Heels steckender Fuß, an dessen Gelenk etwas Klobiges befestigt ist, sowie ein die Köpfe zusammensteckendes Paar, doch kein dem Begriff Babybauch entsprechendes Gebilde.

Der Befund vor Ort ergab Folgendes: Der linke Abzug zeigt einen in den Ellbogenwinkel eines nackten männlichen Arms gebetteten und uns frontal anblickenden Säuglingskopf, wobei sowohl dieser Unterarm wie auch der Säugling selbst zusätzlich noch von einem aus der Gegenrichtung vorstoßenden weiblichen Arm gehalten werden, so dass sich aus dieser ineinander verschränkten und den Säugling gleichsam doppelt in Besitz nehmenden Geste das Bild einer hinsichtlich ihres Gefühlswerts kaum mehr überbietbaren Körperidylle ergibt. Die fotografischen Möglichkeiten, einem Säugling elterliche Geborgenheit widerfahren zu lassen, sind hier zur Gänze ausgeschöpft. Der zweite Abzug zeigt in der rechten Hälfte den sich aufstützenden Unterschenkel eines mit High Heels bewaffneten und von zwei Händen zart umfassten Frauenbeins, wobei die eine Hand eine um die Fessel geschnallte Rolex-Uhr berührt. Die linke Bildhälfte wird, wenn nicht alles täuscht, von einem nackten weiblichen Oberkörper eingenommen, dessen Mittelachse von einer über den Bauchnabel führenden Halskette markiert wird.

Das linke Foto im rechten Teil des Schaukastens zeigt nun endlich den längst erwarteten Babybauch: Ein sich küssendes Paar – sie im gestreiften Bikini, er in stilistisch indifferenter Badehose – ist so von der Seite aufgenommen, dass die Frau mit ihrem nackten schwangeren Bauch den ebenfalls nackten und leicht fülligen Bauch des Mannes berührt. Offenbar hatte der Fotograf oder der den Schaukasten einrichtende Dekorateur einen recht weiten Begriff von dem, was Familien zusammenhält. Auf dem Foto ganz rechts lässt sich rein gar nichts mehr erkennen, da sich die rechte obere Ecke so nach links unten eingerollt hat, dass es sinnlos wäre, dem einzig noch sichtbaren, überdies gänzlich schwarzen Bildausschnitt einen Hinweis auf das Ganze entnehmen zu wollen. Vermutlich weil der Schaukasten an dieser Stelle ohnehin keine fotografische Botschaft mehr enthält, hat dort jemand einen Zettel auf die Glasscheibe kleben können mit der Aufschrift: »Schlüssel verloren. Hallo, ich habe am 12. 12. gegen 9 Uhr morgens meinen Schlüssel verloren. Bitte melden Sie sich bei mir, sollten Sie etwas gesehen haben. Danke.« – Das Ganze natürlich mit Telefonnummer.

Die allmähliche Verwandlung des Schaukastens in eine Pinnwand wäre eines seiner möglichen Schicksale. Ein anderes wäre es, das Ganze als ein von selbst entstandenes Kunstwerk zu betrachten. Was der Entdecker dieses Schaukastens in einer Mail »gewissermaßen einen Verrat am Präsenzversprechen der Fotografie« nennt, wäre als künstlerisches Anliegen durchaus kompatibel mit dem zunehmenden Misstrauen gegen das Festhaltenwollen von allem und jedem und die Verklärung überdehnter Produktionsgewebe. Der von seinen ehemaligen Besitzern wohl längst vergessene Schaukasten liefert uns mit seinem von der Sonne ausgeblichenen Inhalt jedenfalls ein schönes Bild für die Anziehungskraft dahinschwindender Inhalte.

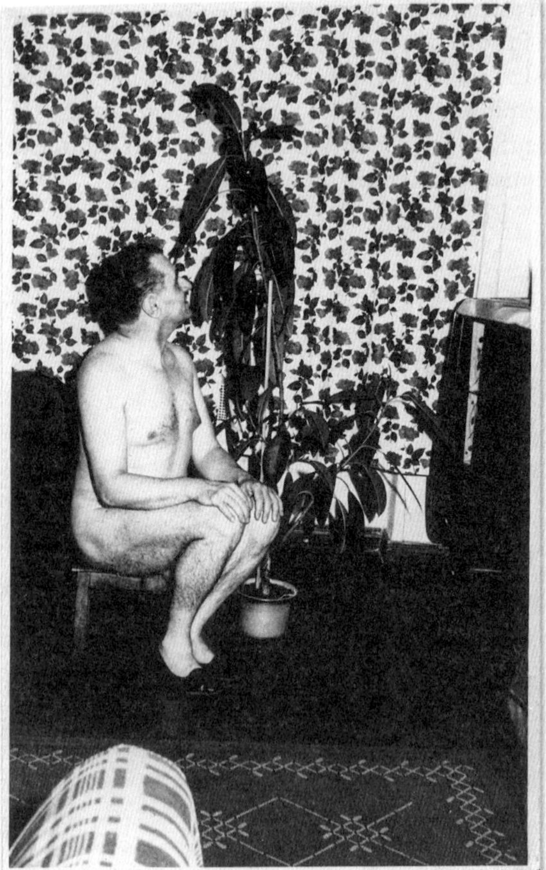

DOPPELPORTRÄT

Starrt man einen Gummibaum *(Ficus elastica)* lange genug an, kann es passieren, dass dieser sich zurückmeldet, indem er seine Blätter dem betrachtenden Subjekt zukehrt, dadurch in eine Schieflage gerät und nur deshalb nicht vornüberkippt, weil der Topf, in dem er steckt, dem eine natürliche Grenze setzt. Doch geschieht dies, wenn es geschieht, so langsam, dass mehrere Sitzungen nötig sind, um den gewünschten Erfolg zu erzielen.

Das Hypnotisieren eines Gummibaums erfordert aber nicht nur unendliche Geduld, sondern vorab die Bereitschaft, einer Zimmerpflanze das Du anzubieten und mit ihr nachhaltig ins Gespräch kommen zu wollen. Hat man zudem noch begriffen, dass auch dieses spezielle und von vielen als hässlich empfundene Feigengewächs eine Seele hat, gibt es keinen Grund mehr, sich vor ihm zu schämen. Denn Scham ist etwas, das Pflanzen nicht verstehen.

Der wie ein gelehriger Schüler auf einem Schemel oder wie ein Kleinkind auf seinem Töpfchen sitzende Mann ist nackt. Die haarigen Beine leicht angezogen, die Hände brav auf die Knie gelegt, blickt er schräg nach oben – direkt ins Herz seiner großen, ihn fast schon umarmenden Pflanzenliebe. Seine Füße stecken in Damenschuhen, ein Indiz dafür, dass es hier nicht primär um die Zurschaustellung von Männlichkeit geht. Sein leicht geöffneter Mund könnte sowohl ein Sprechen wie ein Grinsen bedeuten, wie überhaupt der Komik – ob als freiwillige oder unfreiwillige – hier eine entscheidende Rolle zuzukommen scheint.

Absicht ist ganz sicher die gespielt devote Körperhaltung, mit der sich der Hausherr kleiner zu machen gedenkt, als er in Wirklichkeit ist. Was immer der Hintergrund dieser doch recht ungewöhnlichen Selbstinszenierung gewesen sein mag: Es gibt keinen Grund, an dem Verstand des Protagonisten zu zweifeln. Im Gegenteil: Wer sich derart überzeugend und intim in ein Verhältnis zu einem hundsgewöhnlichen Gummibaum setzen kann, muss tiefer über die Rolle des Menschen im Kosmos nachgedacht haben. So sitzt man(n) nur, wenn man weiß, dass der Unterschied zwischen dem großen Ganzen und einem beliebig kleinen Ausschnitt davon kein absoluter ist.

Keine Absicht ist jedoch alles andere. Der in sein Schuhwerk eingetopfte Mann befindet sich in einer häuslichen Umgebung, die ihre eigene Sprache spricht. Insbesondere der als Hintergrund fungierende, aus Blattmotiven aller Art zusammengesetzte Vorhang bildet einen urwaldartigen Horizont, gegen den der klar gegliederte Teppich und der orthogonal gestreifte Sesselrücken ganz im Vordergrund nicht ankommen können. Und wenn die leicht fettunterpolsterten Brustwarzen den Mann in den besten Jahren verraten, dann verrät dieses von einer Hausbar gekrönte Wohnzimmer, dass der Begriff Gemütlichkeit sich durchaus ins Radikale steigern lässt.

Aufgenommen wurde das Foto vermutlich von der Frau, die auf dem anderen Foto zu sehen ist. Auch sie ist nackt, wobei diese Nacktheit nicht nur durch die Nylonstrümpfe eine gewisse Steigerung erfährt, sondern vor allem durch die den zusammengelegten Händen entsprießende Blütenpracht, die ihre Brustpartie vollständig verdeckt, die Schampartie jedoch komplett ignoriert. Um Prüderie kann es hier nicht gehen. Um dem Fotoapparat beziehungsweise dem Fotografen frontal gegenüberzusitzen, hat sich die Frau schräg in den in die Zimmerecke geschobenen Polstersessel gesetzt. Ihr linkes Bein ist etwas nach außen abgespreizt und verhält sich zu dem rechten wie ein Spielbein, so dass das leicht abtörnende Tragen von fellbesetzten Hausschuhen durch diese laszive Anwandlung wieder etwas ausgeglichen wird.

Das Seltsamste an dem Bild ist jedoch die Art und Weise, wie sich der Vorhang verhält. Er scheint irgendwie aus der Form geraten zu sein. Seine Raffung weist in Richtung Blütenzweige, als hätte sich die Frau ein Stück davon über ihre linke Schulter gezogen, um zwischen natürlichem Gezweig und bedrucktem Stoff eine im Einzelnen nicht mehr auseinanderzuhaltende Synthese herzustellen. Jedenfalls wird auch bei noch so genauem Hinsehen nicht ersichtlich, wo die Natur aufhört und die Dekoration beginnt. In dem neben dem Sessel stehenden Azaleentopf findet die von rechts oben her einsetzende, den weiblichen Schoß und die rechte Sessellehne kunstvoll überspringende Blütenoffensive ihren erdnächsten, fast möchte man sagen: grabnächsten Punkt. So überwuchert und sekundiert von floraler Pracht, erscheint uns die Sesselbewohnerin wie eine Manifestation sämtlicher von einem Polstermöbel ausgehenden Weichheitsversprechen. Der in ein Blätter- und Blütenmeer eingetauchte Kopf hat jedenfalls ein Lächeln aufgesetzt, das souverän über allem Anzüglichen schwebt.

Geht man davon aus, dass Mann und Frau sich hier gegenseitig fotografiert haben, ist zwar nicht mehr zu klären, wem genau die Bildeinfälle zu verdanken sind, wohl aber lässt sich erahnen, dass ein gewöhnliches Wohnzimmer der Freikörperkultur genügend Landschaftsersatz bieten kann, um als dankbare Kulisse für einen kleinen Sündenfall zu dienen. Das Paradies in den eigenen vier Wänden ist sowieso das einzige, von dem wir verlässlich wissen, dass es existiert.

Die beiden »um 1960« aufgenommenen Fotos sind Teil einer Serie, die bis auf zwei Ausnahmen ausschließlich die Frau zu ihrem Gegenstand hat. Die anderen, von mir nicht ersteigerten, aber recht gut in Erinnerung behaltenen Fotos zeigen die Frau nackt oder halbnackt in allen möglichen Posen, die anzüglich oder gar pornografisch zu nennen verfehlt wäre. Nackt auf dem Boden sitzend der geöffneten Hausbar zuzuprosten, mag vielleicht etwas schräg rüberkommen, lässt sich aber auch als eine verschärfte Form der Idylle begreifen. Der Raum zwischen Erotik und deren Parodie ist offenbar so vielgestaltig besetzbar wie der zwischen Paradies und Wirklichkeit – oder der zwischen Bier und Eierlikör. Um derart gelassen-ausgelassen Adam und Eva spielen zu können, müssen man / frau die alles entscheidenden Jahre bereits längere Zeit hinter sich haben. 1960 ist überdies ein Jahr, das irgendwie zwischen den Zeiten zu liegen scheint. Das heraufziehende Neue hat noch kein hinreichend deutliches Profil gewonnen, um sich vor dem Hintergrund des Altbekannten absetzen zu können. Ein Gummibaum ist noch etwas eindeutig Exotisches und Grün noch kein politisches Programm. Der Spießer musste damals noch nicht eigens in sich entdeckt werden. Das Motiv der auf dem zweiten Foto gerade noch erkennbaren Tapete ist von hellen Flecken bestimmt, die sich bei näherer Betrachtung als zickzackförmige Liniencluster erweisen, die selbst wiederum von krakeligen Linien umfasst sind, als sei hier auf einer grob vereinfachten Landkarte eine rapporthaft organisierte Auslöschung verewigt worden. Bei den waagrecht dazwischengesetzten Streifen scheint es sich um aufgedruckte Worte zu handeln, deren genaue Bedeutung uns aufgrund der zu geringen fotografischen Auflösung wohl für immer verborgen bleiben wird.

144

STEREOSKOPISCHE HÄNDE

Bilder lassen vom Raum in der Regel nur zwei Dimensionen übrig. Um die dritte Dimension dennoch erfahrbar zu machen, musste man sich etwas einfallen lassen. Ein Stereoskop ist ein Gerät, durch das sich zwei Bilder, die aus zwei dem Augenabstand entsprechenden Winkeln aufgenommen wurden, zu einem einzigen, als räumlich empfundenen Bild vereinen lassen. Die Idee ist so einfach und der Effekt so verblüffend, dass man sich fragt, warum sich die Fotografie nicht gänzlich dieser Richtung verschrieben hat, wiewohl andererseits klar ist, dass Fotos nicht dazu da sind, Illusionen hervorzubringen, sondern die Wirklichkeit abzubilden.

Was hier wie eine Geisterbeschwörung aussieht, erklärt sich zunächst einmal als der Versuch, die Illusion eines dreidimensionalen Raums bis zum Maximum auszuschöpfen. Betrachtet man die Szene durch ein Stereoskop, scheint die rechte Hand der jungen Frau auf verblüffende Weise aus dem Bildraum heraus in Richtung Betrachter zu greifen. Während die linke Hand an der Grenze zum eigentlichen Bildraum zu verharren scheint, hat sich die rechte weit ins Bildjenseits vorgewagt und den normalerweise toten Raum zwischen dem Bild und seinen Betrachtern durch Handstreich in Besitz genommen. Dieses ins Spiritistische hinüberreichende Spiel mit der Fernwirkungskraft von Händen hat hier zu einer ironischen Formulierung gefunden. Was das vermutlich um 1900 aufgenommene Bilderpaar vom Genre der okkultistischen Geisterfotografien unterscheidet, ist die Tatsache, dass die Hände direkt auf uns gerichtet sind und uns damit nicht nur zu Betrachtern, sondern selbst zu Manipulierten machen. Kopf und Hände der jungen Frau wirken echt und künstlich zugleich, als handle es sich um ein Objekt aus einem Wachsfigurenkabinett, wo Berühmtheiten aller Art so naturgetreu wie möglich in einer für sie charakteristischen Pose verewigt sind und bei ihren Betrachtern das Gefühl einer leibhaftigen Begegnung mit der Weltgeschichte hervorkitzeln sollen.

Der Grund für diese wächserne Starre ist zu einem gewissen Teil technisch bedingt: In jener Zeit, der das Fotopaar entstammt, waren für eine scharfe und ausreichend belichtete Aufnahme relativ lange Belichtungszeiten vonnöten, so dass die Körper, insbesondere die Köpfe, mittels Stützapparaturen in eine künstliche Starre versetzt werden mussten. Das Sich-Einfrieren-Müssen während des Aufnahmezeitraums führte zu einer Überstilisierung der Physiognomie, zu einer neuartigen Form der Gesichtstheatralik, zu Köpfen, die uns heute oft wie Karikaturen auf den Begriff Charakter anmuten. Durch die Stereoskopie ist dieser Erstarrungseffekt natürlich noch verstärkt worden. So wie sich bei einer Glasvitrine das Berührverbot letztendlich als Sehzwang manifestiert, so wird man auch hier dazu verleitet, das zum Greifen Nahe tiefer in den Blick zu nehmen, als es der Anstand gebieten würde. Längeres Hineinschauen in einen stereoskopisch illusionierten Raum kann zu einem Tunnelblick führen oder gar zu einer hypnotischen Blickstarre, die in dem hier gebotenen Fall allerdings vom Bild selbst auszugehen scheint.

Zwischen den beiden Armen ist auf Brusthöhe etwas Fellartiges zu erkennen, das zu einem Hund gehören könnte, der sich auf dem Schoß der Frau niedergelassen hat und nun als Unterlage für den linken Unterarm dient. Der rechte wird hingegen von einem damals in Fotostudios gebräuchlichen Fixierstab gehalten – das auf dem Stativ sitzende Gelenk samt Flügelschraube ist deutlich erkennbar. Möglicherweise war der Fotograf so sehr auf eine stabile Positionierung der Arme konzentriert, dass er diese kleine Unsauberkeit im Bildaufbau gar nicht bemerkte. Denn jedes Zittern der Hände hätte sich auf dem Foto als Unschärfe manifestiert und die Illusion eines in der Zeit eingefrorenen Raumbilds zerstört, weshalb es wiederum unwahrscheinlich ist, dass sich ein lebendiger Hund in diese Szene verirrt haben könnte, zumal dessen Größe weit über die eines Schoßhündchens hinausgereicht hätte. Vielleicht diente ein über die Stuhllehne gehängtes Fell hier lediglich dazu, der kranzartig gewickelten Frisur und der weißen Halsschleife etwas eindeutig Wildes entgegenzusetzen. Was da als Armstütze dient, könnte aber auch der Rücken eines ausgestopften Tiers sein, nicht notwendig eines Hundes, sondern vielleicht eines Löwen, dessen plattgedrückte Mähne das Resultat unzähliger Streicheleinheiten wäre. Das oben rechts im Bild zu sehende schwarze Flächenstück deutet auf eine abgeschrägte Studiokulisse hin, falls es sich nicht um einen ins Bild hineinragenden Vorhang handelt.

Betrachtet man die beiden auf eine Pappe geklebten Aufnahmen ohne passendes Betrachtergerät, wirken sie in ihrem funktionslosen Nebeneinander wie eine Aufforderung zum Dauervergleich. Und lässt man die Augen zwischen den beiden Fotos hin und her pendeln, gerät die rechte Hand der Frau auffällig ins Springen, da sie der Kameralinse am nächsten war und deshalb relativ zum Hintergrund den größten Versatz aufweist. Der Kopf auf dem linken Foto ist von der vorgestreckten Hand teilweise verdeckt, wohingegen auf dem rechten Foto zwischen Kopf und Hand ein Tapetenstück sichtbar wird, das zu der Wand im Hintergrund gehört.

Die leicht unterschiedliche Perspektive auf dasselbe Motiv bewirkt eine unterschiedliche Nuancierung der gestisch-mimischen Botschaft: Während das linke Foto aufgrund des leicht aus der Bildmitte versetzten Kopfes insgesamt etwas dynamischer und handlungsbetonter wirkt, ist auf dem rechten Foto der Kopf so vollkommen ins Zentrum geraten, dass er ein Höchstmaß an Souveränität oder Gelassenheit ausstrahlt. Schon eine minimale Verschiebung des Blickwinkels kann den Ausdruckswert einer Szene offenbar in eine ganz andere Richtung lenken. Obwohl es sich um ein und denselben Moment handelt, der hier festgehalten wurde, entsteht der Eindruck eines filmischen Nacheinanders, in dem die Frau von einer eher abwehrenden zu einer eher beschwörenden Haltung findet und so die Magie der Hände eine gewisse Abrundung oder Entfaltung erfährt. Beim Zusammenkommen der beiden Aufnahmen im Stereoskop überlagern sich die beiden differenten Aspekte auf komplexe Weise, und es entsteht neben dem Raumeindruck so etwas wie das Stereogramm eines von zwei auseinanderlaufenden Gefühlen zusammengehaltenen Augenblicks.

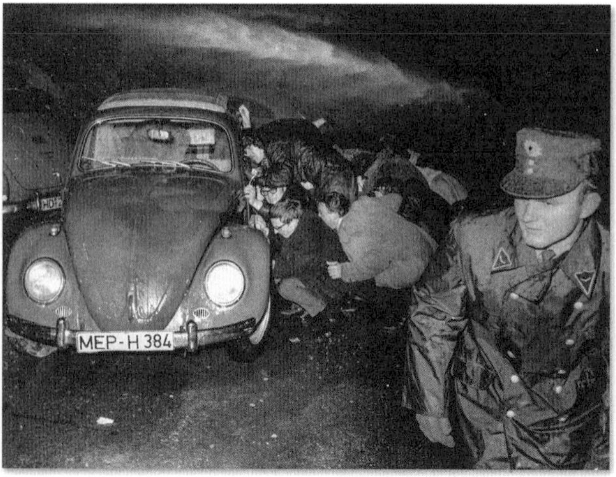
MEP-H 384

EIN VOLKSWAGEN

Bis in die siebziger Jahre hinein dominierte der VW-Käfer das Erscheinungsbild unserer Städte und Straßen. Als eine gelungene Synthese aus Stromlinienförmigkeit und Kindchenschema repräsentierte der Käfer so etwas wie die Ur- oder Stammzelle eines Automobils: solide, unprätentiös und erschwinglich.

Anders als die US-amerikanischen Straßenkreuzer war der Käfer kein mit ozeanischen Freiräumen rechnender Kriegsschiffersatz, kein mit Flossen und verchromten Reißzähnen ausgestattetes Protzgebilde, sondern ein mit dem Charme der Bescheidenheit ausgestattetes Wohlstandsversprechen. Gerade sein knubbliges Design war dazu angetan, das Wirtschaftswunder mit den dadurch ausgelösten Beschleunigungsängsten zu versöhnen. Einen Käfer zu fahren hieß in mittlerem Tempo und ohne groß nach hinten schauen zu müssen vorwärts kommen zu können. Der luftgekühlte Heckmotor, der sich bereits im Kübelwagen der Wehrmacht bewährt hatte, wäre aufgrund einer sich überlappenden Entwicklungsgeschichte jederzeit durch einen PS-starken Porschemotor ersetzbar gewesen und umgekehrt. Der Einbau eines Käfermotors in einen Porsche ist aber vermutlich nie vorgekommen. So funktioniert Gesellschaft nicht. Der »Buckel-Porsche« verhieß »Wohlstand für alle«, wurde zum Exportschlager und schließlich zum Kultauto. Als am 5. August 1955 der millionste VW-Käfer vom Band lief, konnte dies als Beweis dafür verstanden werden, dass die Nachkriegszeit nun endgültig vorbei sei und der Wohlstand sich fortan wie eine warme Dusche über das Volk ergießen würde. Dass inmitten all dieser Segnungen eine Generation heranreifte, die ihren Eltern mehr und mehr unangenehme Fragen hinsichtlich der Vergangenheit stellte, war so nicht erwartbar, lässt sich aber im Nachhinein als das natürliche Ergebnis einer an die Kinder weitergereichten Selbstbefragung verstehen. Die Auslagerung des schlechten Gewissens in die Nachwelt war jedoch alles andere als einfach. Die Komplikationen, die sich schon allein daraus ergeben, dass sich Täter jederzeit zu Opfern erklären können, haben der Dialogbereitschaft auf beiden Seiten doch enge Grenzen gesetzt. Das Volk ist überdies keine besonders verlässliche Größe, wenn es über sich selbst aufgeklärt werden soll.

Beim Ausmisten seines Archivs, das aus einer Unmenge von Erinnerungsstücken besteht, die von einem Einzelnen kaum mehr bewältigt werden können, ist ein Künstler und Altachtundsechziger auf ein Foto gestoßen, von dem er glaubt, dass es einer Entsorgung entgehen sollte. Zu sehen ist ein aus Menschen, Wasserstrahl und Autos zusammengesetztes Widerstandsgeschehen, wobei der Widerstand im Moment der Aufnahme auf puren Selbstschutz reduziert ist.

Während ein in einem wasserdichten Mantel steckender Polizeibeamter sich relativ entspannt in Richtung Kamera bewegt und irgendetwas uns Verborgenes ins Auge fasst, hält sich eine Gruppe junger Männer hinter der Breitseite eines VW-Käfer verschanzt, um sich vor dem großformatigen Wasserstrahl zu schützen. Das als Barrikade fungierende Automobil verleiht den zusammengekauerten und sich gegen die Staatsgewalt stemmenden Körpern etwas Heroisches. Ein Bild, das sich perfekt in die ikonische Tradition revolutionärer Barrikadenkämpfe einreiht und jeden der an diesem Bild Beteiligten weit über seine bürgerliche Existenz hinaushebt. Kein Zweifel: Würde die revolutionäre Zelle, die sich da vorübergehend in den Wasserschatten des Käfers zurückgezogen hat, aus ihrem eingebuckelten Zustand wieder zur vollen Größe anschwellen, könnte sie jederzeit gefährlich werden. Das Umfunktionieren eines Käfers zum Abwehrschild gegen die staatlich gebündelte Wasserkraft ist, rein strategisch betrachtet, von äußerster Zweckmäßigkeit. Auf die Seite gekippt, oder gar brennend, hätte das zweckentfremdete Lieblingsauto der Deutschen allerdings um einiges dramatischer gewirkt.

Auf der Rückseite des Fotos steht in hektografierter und schon ziemlich verblasster Schrift: »Nach dem Attentat ... auf Rudi Dutschke kam es an allen Druckorten der Bildzeitung zu Anti-Springer-Demonstrationen. Vor der Druckerei in Stuttgart-Esslingen, wo eine der Regionalausgaben der Bildzeitung gedruckt wird, versuchte die Polizei mit Tränengas und Wasserwerfern der Lage Herr zu werden. Unser dpa-Bild zeigt Demonstranten, die vor der Druckereiausfahrt in Stuttgart-Esslingen hinter Personenwagen Schutz vor den Wasserkanonen suchen. 14. April 68, 608 gz – DA, 9/I+II/13e/ko. – Copyright dpa Deutsche Presse-Agentur, Frankfurt/Main.«

Schon kurze Zeit nach dem Attentat auf den damals schon legendären »Studentenführer« Rudi Dutschke durch den 22-jährigen Kommunistenhasser Josef Dieter Bachmann am 11. April 1968 in Berlin kam es bundesweit zu teilweise gewalttätigen Demonstrationen, insbesondere gegen die in linken Kreisen als Hetzblatt der Springer-Presse verschriene *Bild*-Zeitung.

In Esslingen bei Stuttgart verlief die Blockade erfolgreicher als anderswo. Obwohl den etwa 500 Demonstranten eine Streitmacht von 12 Hundertschaften an Polizei gegenüberstand, darunter 90 Hundeführer, Wasserwerfer, Gefangenenomnibusse sowie zwei gummibereifte Panzerwagen, konnte die Auslieferung der *Bild*-Zeitung um mehrere Stunden verzögert werden. Mit ihren hundert aus Stuttgart, Tübingen, Heidelberg und Freiburg herangefahrenen PKW blockierten die vom SDS dazu aufgerufenen Studenten die Ausfahrt der Druckerei Bechtle und konnten die ohnehin schon verunsicherte Polizei für lange Zeit in politische Diskussionen verstricken, so dass es beinahe zu Fraternisierungen zwischen Staatsmacht und Außerparlamentarischer Opposition gekommen wäre. Der Besitzer dieses Fotos war, wie er nicht ohne Stolz berichtet, an dieser Blockadeaktion nicht unwesentlich beteiligt. Obwohl es im Vorfeld ausführliche Diskussionen darüber gegeben hatte, ob Gewalt gegen Sachen erlaubt sein sollte oder nicht und sich eigentlich alle dagegen aussprachen, hatte er es sich nicht nehmen lassen, eine »für alle Fälle« mitgebrachte Pferdekanüle in die innen mit Stahlnetzen verstärkten Mehrkammerreifen von einem der beiden Wasserwerfer zu stechen und diesen damit fahrtechnisch außer Gefecht zu setzen.

Möglich war diese subversive Aktion allerdings nur, weil die vor den Wasserwerfern aufgebaute »Bullenformation« von den an dieser Blockade beteiligten Frauen mit einer Charmeoffensive – einschließlich Blümchenübergabe – für einige Zeit erfolgreich abgelenkt werden konnte. So entstand ein Aufmerksamkeitsschatten, in dem das »Entlüften« des in gefülltem Zustand 14 Tonnen schweren Ungetüms fast schon zur revolutionären Formsache wurde.

Zu Zeiten, als »Lügenpresse« noch eindeutig die Springer-Presse meinte und *die da oben* das primäre Angriffsziel bildeten, waren *die da unten* keine klar umrissene Klasse mehr. Die Suche nach dem revolutionären Subjekt erwies sich als mühsam. Während sich das Volk am liebsten in Schrebergärten und Baumärkten versteckte, stellte sich das studentische Ersatzproletariat vor die Werkstore der großen Autohersteller und richtete Sprüche wie »Proletarier, expropriiert die Expropriateure!« mit heiligem Ernst an so ziemlich die falschen Adressen.

Der malerische Zusammenprall von Staatsgewalt und zivilem Ungehorsam im Look einer Frontreportage ist ästhetisch kaum mehr zu toppen, jedenfalls hinsichtlich des zentralen Bildgeschehens. Ob, wo und wie dieses Foto die mediale Öffentlichkeit erreicht hat, ist ohne aufwändige Recherchen nicht zu klären. Besagter Künstler hatte dieses ihm zugespielte Foto allerdings als Motiv für ein Plakat zu einer Ausstellung verwendet, die Mitte der achtziger Jahre »Stuttgarts wild verschlafene Jugendkultur der sechziger Jahre« zum Thema hatte.

Möglich, dass der sich vom Bildgeschehen entfernende und in den Vordergrund absetzende Polizeibeamte den Bildredakteuren zu harmlos erschienen ist und gar der Eindruck hätte entstehen können, die Staatsmacht sei gerade auf dem Weg, sich zu verdrücken. Pressetauglicher wäre es gewesen, wenn dieser Uniformierte mit einem Schlagstock in der Hand in Rückenansicht zu sehen gewesen wäre. Dann hätte sich die Fantasie des Betrachters an der Frage entzünden können, wer dieses Katz-und-Maus-Spiel am Ende gewonnen hat. In nicht wenigen Hirnen wird wohl auch die Frage eine verschärfte Form angenommen haben, ob ein Flammenwerfer nicht von Anfang an die bessere Alternative gewesen wäre. Dass herbeigeeilte Bürger ihre Hunde auf die Studenten gehetzt haben sollen, erschien damals durchaus plausibel. Hatte doch die *Bild*-Zeitung schon am 7. Februar 1968 geschrieben: »Man darf auch nicht die ganze Dreckarbeit der Polizei und ihren Wasserwerfern überlassen.« Hätte diese Auslieferungsblockade nicht in Esslingen am Neckar, sondern irgendwo in Süd- oder Mittelamerika oder in Paris am linken Seine-Ufer stattgefunden, und wäre der Polizist etwas entschlossener zu Werke gegangen, wäre das Foto ganz sicher in die Geschichte eingegangen. So aber bewahrt das Foto seine lokalgeschichtliche Exklusivität, wiewohl nicht unterschätzt werden sollte, wie weit das studentische Netzwerk schon zu analogen Zeiten gereicht hatte: Das Nummernschild des Käfers verweist auf die Stadt Meppen im Emsland, das des Autos im Hintergrund, ein so genannter Buckelvolvo, immerhin noch auf Heidelberg. Der schon erwähnte Reifenentlüfter, dem ich dieses Foto verdanke, war auch der Miturheber des 1968 erschienenen und berühmt gewordenen Plakats des Sozialistischen Deutschen Studentenbunds. Es zeigte auf rotem Grund die Konterfeis von Marx, Engels und Lenin, umschriftet mit dem aus einer Bundesbahnwerbung übernommenen Spruch »Alle reden vom Wetter. Wir nicht.« Dieses zigtausendfach verbreitete und mittlerweile zum »Plakat der Bewegung« erhobene Kunstprodukt gehört sicher zum Besten, was die Studentenbewegung hervorgebracht hat. Für einen Moment waren Pop-Art und linke Aufklärung dasselbe. Während der Slogan »Enteignet Springer« in der Realität zu keinen belastbaren Resultaten führte, war die Aneignung und anschließende Umstülpung eines an sich schon genialen Werbespruchs weit mehr als eine subversive Geste. Im Modus reziproker Trivialisierung werden die drei Säulenheiligen der Weltrevolution so mit der Wetterphilosophie eines vom Staat getragenen Unternehmens gekreuzt, dass man durchaus zu dem Schluss verleitet werden konnte, gegen das leere Wettergerede könne nur noch eine Revolution helfen.

EIN STERNENSET

Was sind Sterne? An den Himmel gesteckte Lichter; oder Löcher, die uns durch eine Kugelschale hindurch in das Inferno blicken lassen? Augen, die sorgenvoll über uns wachen; oder die erstarrten Seelen der Toten? Blanke Taler, die einem guten Mädchen zur Belohnung in den Schoß fallen, wie im Sterntaler-Märchen; oder doch bloß kleine aufgespießte goldene Mücken, wie es in Büchners *Woyzeck* heißt? Oder sind die Sterne einfach nur da?

Nachts, wenn alle Katzen grau sind, kann ein Blick nach oben dennoch etwas ziemlich Buntes offenbaren: Zahllose rötliche, gelbliche und bläuliche Punkte sind um ein y-förmiges, von dunklen Schwaden durchsetztes Lichtband – die Milchstraße – verstreut und leuchten in verschiedenen Intensitäten. Je länger man hinschaut und je klarer und mondloser der Nachthimmel ist, desto mehr davon tauchen auf – bis das Auflösungsvermögen der Netzhaut und die sich einstellende Genickstarre dem schließlich eine natürliche Grenze setzen und der Himmel gesättigt erscheint, ohne überladen zu wirken.

Doch selbst wenn wir uns eigens auf den Rücken legen, erleben wir diese Sternenversammlung nicht als ein *Gegenüber*, nicht als ein Bild, sondern als eine über uns aufgespannte Kuppel, als Zelt oder Schale, die uns umschließt und trotz der vielen Fixpunkte, zwischen denen das Auge hin und her springt, die sich dazwischen auftuende Leere nicht vergessen machen kann. Die Diskretion, mit der die stellare Farbenpracht vor dem schwarzen Nichts in Szene gesetzt ist, hat sich vermutlich tief auf unser Geschmacksempfinden ausgewirkt. Was funkelt und glitzert, löst ein Staunen aus, das seine kindlichen Wurzeln nie ganz verbergen kann und sich, mit dem Gedanken der Unendlichkeit gekreuzt, bis zum Gefühl des Erhabenen steigern lässt.

Eine meiner Tanten erzählte immer wieder, wie sie als Vierjährige von ihrem im Ersten Weltkrieg nach Verdun abkommandierten Vater beim Abschied am Rastatter Bahnhof in die Arme genommen und dabei magisch angezogen wurde von einem goldenen Uniformknopf, so dass ihr der Vater versprechen musste, ihr beim nächsten Heimaturlaub einen solchen mitzubringen. Die ganze Kriegszeit war in ihrer Erinnerung auf diese eine Episode zusammengeschrumpft, und durch ihr langes Leben zog sich eine Spur kitschiger, jedenfalls auffällig an Weihnachtsschmuck erinnernder Objekte: Engel mit goldenen Locken, Rehe mit Glitzerstaub auf dem Rücken, von Goldfäden durchwirkte oder mit bunten Blättchen aus Metallfolie beklebte Deckchen, was keinen Zweifel daran aufkommen ließ, dass der goldene Knopf sie in tausendfacher Form erreicht hatte.

Wir wissen nicht, wann unsere Vorfahren zum ersten Mal den Blick auf die Sterne gerichtet und welche Erfahrungen sie dabei gemacht haben. Anzunehmen ist jedoch, dass der wiederholte und bewusste Anblick des klaren Nachthimmels von Anfang an eine doppelte Erfahrung zuließ. Zum einen ist die räumliche Verteilung der Sterne von rätselhafter Zufälligkeit; sie scheinen über den Himmel ausgestreut wie Saatkörner. Die indogermanische Wurzel des Wortes Stern (»ster«) verweist über die Bedeutung von »streuen, ausstreuen« auf: »am Himmel Ausgestreutes«, speichert also gleichzeitig die Erfahrung von Kontingenz und von Verschwendung in sich. Als hätte ein Gott aus einer Laune heraus mit einer einzigen Handbewegung seinen mit Edelsteinen gefüllten Beutel am Himmel ausgeleert. An ihrem Anblick gibt es, so gesehen, nichts zu verstehen.

Zum andern unterliegen die gegeneinander unveränderlichen und deshalb Fixsterne genannten Lichtpunkte einer gemeinsamen und rational vollkommen nachvollziehbaren Kreisbewegung um den Himmelspol. Selbst die eine Eigenbewegung ausführenden Planeten bewegen sich vor dem Hintergrund der Fixsterne auf berechenbaren Bahnen. So gesehen ist alles in Ordnung. Aus dieser Doppelerfahrung von Chaos und Ordnung – oder von Verschwendung und Ökonomie – sind die Sternbilder hervorgegangen. Sie haben mit den realen Sternkonfigurationen bekanntlich nur wenig bis gar nichts zu tun. Dieselbe auffällige Sternkonstellation, die von den alten Griechen mit dem mythischen Jäger Orion identifiziert wurde und noch heute seinen Namen trägt, wurde von den Sumerern als Schaf und von den Germanen als Pflug gesehen. Wichtig war jeweils nur, überhaupt etwas darin zu erkennen, etwas, das sich ins

Gedächtnis einbrennt und mit den anderen »Bildern« zu einer wie immer gearteten Erzählung verknüpft werden kann.

Mit der Erfindung von Fernrohr und Fotografie hat der Himmel nicht nur an Tiefe, sondern auch an Nachrichtenwert gewonnen. In jedem schwarzen Nichts konnte nun ein neues Etwas auftauchen, jeder diffuse Fleck sich bei näherem Hinsehen als Welteninsel erweisen. Als Resultat dieser sich immer tiefer in die Vergangenheit des Universums vorarbeitenden Erfassungsmaschine könnte eine Art finales Bildrauschen auftreten, ein chaotisches Gegriesel sich gegenseitig auslöschender Informationen, wie es früher bei Röhrenfernsehern nach Programmschluss zu sehen war und den davor längst eingeschlafenen Zuschauer vollends als Opfer erscheinen ließ.

Der fotografisch erfasste, mit allerlei grafischen Tricks veredelte und zu Bildschirmschonern verarbeitete Sternhimmel ist uns mittlerweile vertrauter als der originale. Das bedeutet aber nur, dass wir das Universum vollständig verinnerlicht haben. Jeder zukünftige Astronaut wird sich die Frage gefallen lassen müssen, ob es nicht gescheiter gewesen wäre, die Reise in den eigenen vier Wänden oder noch besser: im eigenen Kopf zu unternehmen, wo doch klar ist, dass die Handhabung der realen Welt im Vergleich zur virtuellen von geradezu absurder Umständlichkeit ist. Ob man nun als Raumfahrer durch eine abgerundete Scheibe ins tatsächliche Weltall blickt oder lieber in seinem Smart Home einem dem Himmel nachempfundenen Displaygeschehen beiwohnt, wird eine Option unter vielen sein. Ein zum Platzhalter emanzipiertes Subjekt ist sowieso überall zuhause.

Ein Tischset – auch Platzset, Tischdeckchen oder Platzdeckchen genannt – ist dazu da, um zwischen Geschirr und Tisch eine vermittelnde Ebene einzuziehen. Indem sie den einzelnen Essplatz sowohl akzentuieren wie alles Darunterliegende vor Beschmutzung bewahren, gehören solche Tischsets zweifellos zu denjenigen Dingen im Haushalt, bei denen Nützlichkeit und Dekorativität so sehr eins geworden sind, dass sie genauso gut für total überflüssig wie für absolut notwendig gehalten werden können.

Manche dieser Tischsets sind mit Fotomotiven bedruckt: mit Teigwaren, Korallenfischen oder Berglandschaften. Unter mehreren solcher fotografisch bespielter Tischsets entdeckte ich vor einiger Zeit bei einem Trödler eines, das viele weiße Punkte auf schwarzem Grund zeigte, was mich zu der Annahme verleitete, dass hier ein Foto des Sternhimmels verarbeitet worden ist. Ein kreisförmiges Fernrohrbild schien hier überdies mit dem Rechteck einer Fotografie zu einem neuen Format verschmolzen zu sein.

Astronomische Aufnahmen, auf denen nichts weiter als punktförmige Sterne zu sehen sind, haben mich schon immer fasziniert. Im Gegensatz zu den spektakulären Abbildungen von Galaxien und Gasnebeln hat eine solche Gleichverteilung etwas definitiv Beruhigendes: keine Bilder, kein Wiedererkennen, kein Hallo-sagen-Müssen, keine Staun-Pflicht, kein Zentrum. Einfach nur ein ausgestreutes Viel auf dunklem Nichts. Die vielleicht einfachste Form ornamentaler Überschreibung einer monotonen Fläche.

Als Kind hatte ich jahrelang einen Metallbecher in Benutzung, auf dem ebenfalls weiße Punkte – oder Flecken – auf schwarzem Grund zu sehen waren. Ein Motiv, das wiederum im Inneren des Gasherds, auf diversen Backblechen, Kehrschaufeln, Pfannen und Eimern wiederkehrte und sich, wie ich heute weiß, einem speziellen Emaillierverfahren verdankt. Dieses wie hingestreutes Salz aussehende Muster erschien auch, wenn ich mir bei geschlossenen Lidern auf die Augäpfel drückte. Dann allerdings in einer flirrenden oder funkelnden Form, die ganz plötzlich in eine geometrische Ordnung umkippte. Beim Einschlafen sah ich vor dem inneren Auge jedes Mal eine sich in schneller Folge vor und zurück bewegende schwarze Fläche, auf der Lichtpunkte herumtanzten, die dann auf einen Schlag verschwanden.

Als Großstadtkind war mir der wirkliche Sternhimmel lange Zeit verborgen geblieben. Die Straßenlampen verhinderten jeden freien Blick in den Nachthimmel; vielleicht hatte auch der hin und wieder sichtbare Mond den anderen Himmelskörpern jedes Mal die Schau gestohlen. Sterne, das waren zackenförmige Gebilde, die nur in Bilderbüchern vorkamen oder in dinglicher Ausformung zur Weihnachtszeit auftauchten: hergestellt aus Teig, Papier, Stroh oder Goldfolie. Allein das Lied *Weißt Du, wie viel Sternlein stehen* vermittelte eine Ahnung von der Unzahl dieser eher der Fantasie als der Wirklichkeit entspringenden Objekte. Die nächste dingliche Analogie zu dieser abstrakten Unzählbarkeit wäre eine Handvoll Sand gewesen: kleine, gerade noch einzeln spürbare Partikel, die, wenn sie durch die Finger rieselten oder einfach so in die Runde geschmissen wurden, ein von Allmachtsfantasien begleitetes Gefühl für die Körnigkeit der Welt vermittelten.

Bis heute ist mir nicht klar, ob das Sprenkelmotiv des besagten Tischsets auf ein astronomisches Foto zurückgeht oder frei gestaltet ist. Für beides spricht gleich viel. Es ist jedenfalls genauso einfach, ein Stück Kunststoff mit einem beliebigen Sternenfoto zu bedrucken, wie etwas herzustellen, das wie ein Stück Sternenhimmel aussieht. Sprüht man zum Beispiel mittels einer Spraydose weiße Farbe aus einigem Abstand auf eine schwarze Fläche, setzen sich die Tröpfchen als verschieden große Flecken ab, die in ihrer Zusammenschau von einem schwarzweißen Fotoausschnitt des Sternenhimmels kaum zu unterscheiden sind. Gerade die kleinen Unregelmäßigkeiten, wie etwa die an Spiralgalaxien erinnernden Ellipsoide oder die fotochemisch beziehungsweise drucktechnisch bedingten Ausfransungen, bestärken noch den Eindruck des Authentischen. Sollte es sich bei diesem weißgesprenkelten Tischset *nicht* um ein weiterverarbeitetes Foto handeln, so ist doch nicht auszuschließen, dass Astronomen oder Raumfahrer eines Tages auf einen Himmelsausschnitt stoßen werden, der genau diesem Tischset entspricht. Weshalb abwarten und Tee trinken vielleicht nicht die schlechteste Idee ist, wenn man seiner Zeit voraus sein will. Nur die von aufgesetzten Tassen und Tellern auf dem weichen Plastik hinterlassenen Abdrücke zeugen davon, dass dieses Sternenset einen realen Gebrauchswert hatte und nicht bloß zum Anschauen da war.

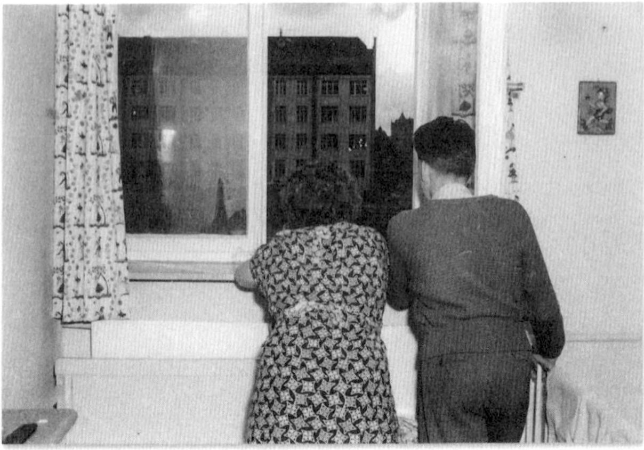

SCHNAPPSCHUSS MIT RUINE

Eineinhalb Jahrzehnte nach dem Ende des Zweiten Weltkriegs schaut ein junges Ehepaar vom Kinderzimmer ihrer Nachbarn aus auf eine Ruinenlandschaft. Was da vor ihnen liegt, besteht aus Grundmauern, einigen Fassadenteilen und einer Menge Schutt, der bis in die eingestürzten Kellergeschosse hinunterreicht und an seinen erdhaltigsten Stellen mit Buschwerk und Bäumchen besiedelt ist. Zwischen den vormaligen Häuserblöcken haben sich Trampelpfade gebildet, die teilweise bis in die steinernen Grundrisse der Gebäude hineinführen und dort in irgendwelchen Kellerlöchern enden.

Von all dem ist auf dem Foto, wenn überhaupt, nur ein winziger Ausschnitt zu sehen. Doch hat sich in meiner Erinnerung das Bild dieser Ruine so festgesetzt, dass ich es auch ohne fotografische Unterstützung als immer noch gegenwärtig empfinde. Fast die gesamte Kindheit über hatte ich, wann immer ich aus dem Fenster unseres Kinderzimmers schaute, diese in Parzellen unterteilte Backsteinwüste vor Augen; und nichts hätte mich und meine Freunde davon abbringen können, in dieser verbotenen Zone nach Abenteuern zu suchen, also etwas zu tun, das Mama und Papa nicht zu wissen brauchten, wofür Schlupfwinkel aller Art vonnöten sind, und eine Ruine ist naturgemäß voll davon. Obwohl der Begriff »Abenteuerspielplatz« noch gar nicht geboren war, darf man in diesem aus unerfindlichen Gründen stehengebliebenen Ruinenviertel einen seiner natürlichen Vorläufer erkennen. Die von spielenden Kindern und in den Kellern hausenden Obdachlosen gebildete Infrastruktur nahm sich im Vergleich zur offiziellen Stadtplanung wie etwas Anarchisches aus, wiewohl jeder dieser Wege in geradezu vorbildlicher Weise der Topografie angepasst war und nichts anderes als den tatsächlichen Gebrauch der Füße abbildete. Das Blechschild »Betreten verboten. Eltern haften für ihre Kinder« zeigte keine besondere Wirkung. »Haftende Eltern« liegen außerhalb der Vorstellungswelt von Kindern, und Obdachlose lassen sich von derartigem Amtsdeutsch am wenigsten einschüchtern.

Zu jener Zeit waren Weltkriegsruinen im Stadtbild schon selten geworden. Der Wiederaufbau war weitgehend abgeschlossen und überdies von einer Versiegelungswut begleitet, die nicht nur als Beton in Erscheinung trat, sondern auch als Mayonnaise und Heimatfilm. Ruinen, die nichts mit Mittelalter und Burgen zu tun hatten, wären, wo sie noch auftauchten, nur schlechte Vergangenheit gewesen, nichts für Betriebsausflüge und Wandertage. Nur der im Niemandsland zwischen Ost und West gelegene Führerbunker hätte es – mit einigen ideologischen Verrenkungen – zum touristischen Höhepunkt einer Berlinreise bringen können. Trotz mehrerer Sprengversuche hatte er den Krieg um Jahrzehnte überdauert, bis seine Reste endgültig in den Berliner Treibsand einbetoniert wurden und heute von einem hundsgewöhnlichen Parkplatz überdeckelt sind.

Das massive, vierstöckige Gebäude im Hintergrund des Fotos hat den Krieg ebenfalls überdauert und bildet nun eine Art Bühnenhintergrund für das vor ihm liegende, für viele Jahre aus dem Stadtbild gelöschte Wohnviertel. Wegen ihrer Nähe zum Angriffsziel Stuttgarter Hauptbahnhof war diese Gegend mehrmals massiven Luftangriffen ausgesetzt gewesen. Das unmittelbar am Gleisfeld gelegene Martinsviertel wurde in der Bombennacht vom 12. September 1944 fast vollkommen ausradiert. Die Anwohner waren größtenteils in den Keller einer an der Ecke gelegenen Apotheke geflüchtet, doch hatte der durch die Brandbomben entfachte Feuersturm nach und nach den Sauerstoff aus dem Keller gesaugt, so dass die dort versammelten Menschen qualvoll erstickten. Das zerstörte Viertel blieb aus unerfindlichen Gründen fast zwanzig Jahre lang unangetastet. Erst 1963 wurde das Ruinenfeld plattgemacht und an seiner südöstlichen Ecke mit einem Männerwohnheim überbaut. Das restliche Terrain diente einem Autohaus lange Jahre als Parkplatz und Verkaufsfläche.

Das aus dem Fenster blickende Ehepaar wohnte damals im ersten Stock eines dreizehnstöckigen Gebäudes, Teil eines für Eisenbahner erbauten Hochhausquartetts, das zeitgleich mit dem Stuttgarter Fernsehturm hochgezogen wurde und Mitte der fünfziger Jahre so penetrant modern wirkte, dass es heute fast wieder als nostalgisch empfunden werden kann.

Er arbeitete damals als Schaffner, sie, eine gelernte Friseurin, als Hausfrau und Mutter. Von ihrer eigenen Wohnung aus wäre die Ruine nicht zu sehen gewesen, so dass anzunehmen ist, dass mein Vater, dem dieses Foto zu verdanken ist, die neu hinzugezogenen Nachbarn eigens in unser Kinderzimmer gebeten hatte, um sie auf diese Attraktion aufmerksam zu machen. Er selbst war im Krieg aktiv an der Bombardierung bebauter Flächen beteiligt gewesen und in gewisser Weise auf den Anblick solcher Zerstörungen eingestellt. Als dieses junge Paar geboren wurde, befand mein Vater sich bereits auf Feindflug über England. Dies mochte ihn in den Augen der Nachbarn als Fachmann für solche historischen Nachbilder qualifiziert haben.

Warum mein Vater dieses Foto überhaupt aufgenommen hatte, ist nicht so einfach zu erklären. Die Rückenansicht eines aus dem Fenster schauenden Paars ist kein gängiges Bildmotiv. Angesichts des unspektakulären Fensterausschnitts kann es sich eigentlich nur um eine Laune gehandelt haben – oder um eine besondere Vorliebe für die hypnotische Anziehungskraft abstrakt gemusterter Stoffe. Das aus kissenartigen Vierecken zusammengesetzte Muster der Kittelschürze könnte den gelernten Koch an Teigtäschchen erinnert haben. Vielleicht wollte er mit diesem ganz sicher bis in die Ruinenlandschaft hineinreichenden Lichtblitz den Nachbarn auch nur einen kleinen Schrecken einjagen. Wo eine Ruine ist, mochte er gedacht haben, soll das Spektakel nicht fehlen. Auf dem zeittypischen Kinderzimmervorhang sind bekannte Märchenmotive zu erkennen: das ihren Rock aufspannende Sterntalermädchen, das den Apfelbaum schüttelnde Mädchen aus *Frau Holle*, der Zwerg mit Laterne aus *Schneewittchen* sowie der einen Goldklumpen unter dem Arm tragende Hans im Glück. Die Räume dazwischen sind mit Blütengirlanden gefüllt. Solche an Kinderaugen adressierten, gleichwohl von Erwachsenen ausgedachten Fantasiewelten führen ein zähes Eigenleben. So stellen sich Erwachsene die Träume ihrer Kinder vor, wenn sie ihnen mit einem »Träum süß« auf den Lippen den Gutenachtkuss geben.

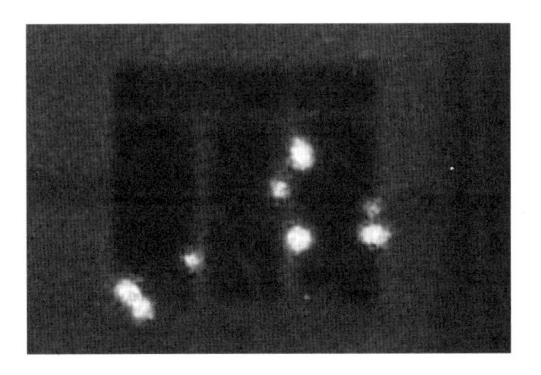

Der Einsatz des Blitzlichts, das sich sowohl in der Fensterscheibe des Kinderzimmers wie auch – gleich achtfach – in einer der Scheiben des Gebäudes im Bildhintergrund spiegelt, hat dazu geführt, dass das Zimmer, das hier als Loge fungiert, für einen winzigen Moment überbelichtet wurde. Möglich, dass die beiden Fenstergucker in Wirklichkeit im Dunkeln standen und sich ungeniert der Melancholie hingegeben haben. Der Anblick einer im Abendlicht verdämmernden Ruine macht empfänglich, wenn schon nicht für romantische Gefühle, so doch für tiefere Betrachtungen über die Vergänglichkeit allen Seins. Und natürlich auch für manche Abgründe der eigenen Seele. Die vereinzelt in den Ruinenkellern hausenden Obdachlosen konnten, sofern sie überhaupt mit einem Blick erhascht wurden, zu einer Verstärkung des Geborgenheitsgefühls in den eigenen vier Wänden führen, genauso gut aber auch zu einer reflexhaften Abwehr dieser vom Schicksal hierher verschlagenen, den gesellschaftlichen Abstieg überdeutlich vor Augen führenden und deshalb von manchen Hausbewohnern zu »Kellerasseln« erklärten Menschenunfällen. Was von der Modernekritik »metaphysische Obdachlosigkeit« genannt wurde, spielte hier allerdings keine große Rolle. Wer statt einer einsturzgefährdeten Kellerdecke zwölf massive Stockwerke plus Dachgarten über sich hat, kann damit nicht allzu viel anfangen. Und wer es aushält, neben einer toten Katze zu schlafen, hat andere Probleme.

Während die Frau sich mit beiden Armen auf dem Fensterbrett abstützt, umgreift die rechte Hand des Mannes den Holm des Gitterbetts. In der Weihnachtszeit wurde dieses Kinderbett von meinem Vater in nächtlicher Kleinarbeit mehrmals mit einer Modelleisenbahnanlage überbaut, deren Thema eine idyllische Schweizer Berglandschaft war und deren Inbetriebnahme als erweiterte Bescherung verstanden werden sollte, so dass wir Kinder während dieser Bastelarbeiten auf die Wohnzimmercouch ausgelagert wurden und erst an Heiligabend das Kinderzimmer wieder betreten durften.

Derzeit wird das seit 1963 nur geringfügig veränderte Gelände erneut überbaut. Es soll ein *gemischtes Quartier mit zentraler Parkanlage* entstehen. Beim Ausheben der Baugrube für den Neubau des Männerwohnheims sind einige der Fundamente der im Krieg zerstörten Gebäude für kurze Zeit wieder sichtbar geworden. Archäologen haben sich keine eingefunden, wohl aber einige der Obdachlosen, die in Kürze in diesen Neubau am anderen Ende des Viertels umziehen werden. Der Altbau wird abgerissen.

Direkt neben dieser im Bau befindlichen *Notunterkunft für Wohnungslose*, jedoch etwas außerhalb des ursprünglichen Martinsviertels, befindet sich seit einigen Jahren schon eine in den Baugrund gegossene, aus Obstacles, Ledges, Stairs, Halfpipes und Curbs zusammengesetzte Skater-Anlage, die mittlerweile aus Lärmschutzgründen überdacht wurde, so dass ihre Benutzer sich nun anwohnerfreundlich und bis in die Nacht hinein kopfüber in die Betonwannen stürzen können.

Das Paar lebt noch immer in diesem Hochhaus, allerdings sieben Stockwerke höher. Das Hochhausquartett gehört nicht mehr der Eisenbahngesellschaft, sondern einer großen Immobilienfirma. Die

Kinder sind längst aus dem Haus, die meisten altbekannten Nachbarn verstorben und der Dachgarten ist mit Handymasten übersät. Man hat jetzt viel Zeit füreinander, was der Laune nicht immer förderlich ist. Statt auf eine Ruine blickt man vom Wohnzimmerbalkon aus auf das noch befahrene Gleisbett des Hauptbahnhofs. Es wird in wenigen Jahren vom Erdboden verschwunden sein und einem komplett neuen Stadtteil Platz machen.

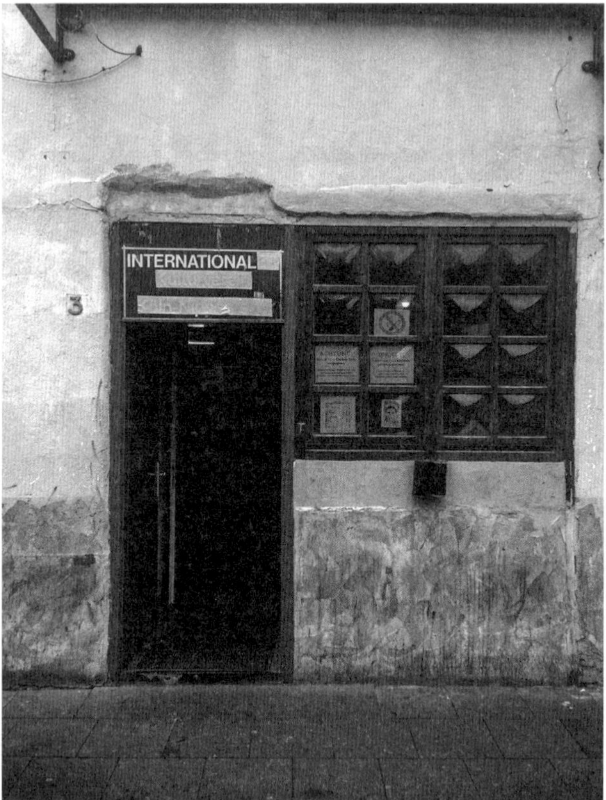
INTERNATIONAL
3

INTERNATIONAL

Im Netz zirkulieren unzählige Bilder, deren einziger Zweck es ist, uns zum Lachen zu bringen. Das kann eine Katze mit Hitlerbärtchen sein, ein wegen Umsturzgefahr an die Decke gehängter Weihnachtsbaum oder ein an einem Krematorium hängendes Schild mit der Aufschrift »Tag der offenen Tür«. Möglich, dass es schon bald eine Kamerasoftware gibt, die automatisch erkennt, wenn sich etwas *Lustiges* im Bildraum befindet, irgendetwas, das an andere, bereits als erfolgreich erwiesene Bildwitze erinnert. Nicht auszuschließen, dass sich dieses System als extrem lernfähig erweisen würde und bereits blinkt, wenn ein Grund hierfür noch gar nicht ersichtlich wäre, denn die Selbstverständlichkeiten von heute könnten die Witze von morgen sein.

Es gibt Bilder, deren Witz sich, wenn überhaupt, erst auf den zweiten Blick erschließt. Eine junge Leserin dieser Kolumne schickte mir vor kurzem »einfach so« ein Foto, das sie bei einem Spaziergang durch Köln-Nippes mit ihrem Smartphone aufgenommen hatte und das sie irgendwie »lustig« fand. Es zeigt ein Stück Hausfassade mit einer geöffneten Tür, einem direkt daneben befindlichen Doppelfenster sowie einem in pastellener Abstraktion gehaltenen Sockel, der allerdings – wie die übrige Fassade – schon ziemlich verranzt ist. Über der Tür ist in Großbuchstaben nur noch das Wort »international« zu lesen. Der Rest des dreizeiligen Schriftzugs ist mit einem hellblauen Streifen überklebt. Bei näherer Betrachtung lassen sich die verdeckten, jedoch reliefartig hervortretenden Buchstaben dennoch erkennen. Das komplette Schild lautet: *INTERNATIONALER Kulturverein Köln-Nippes e.V.*: Zwei geöffnete Türen geben den Blick ins Innere des Etablissements frei. Im Hintergrund ist eine Uhr zu erkennen, die von einer deutschen und einer türkischen Flagge flankiert wird. Davor steht eine Person mit weißem Haarschopf. Vermutlich handelt oder handelte es sich hier um einen deutsch-türkischen Kulturverein, so dass das Wort »international« etwas zu groß dimensioniert wäre.

Das kleine Flurstück zwischen erster und zweiter Tür ist mit einem roten Teppich belegt. Von ihm soll etwas Einladendes ausgehen. Der Aufwertungsfaktor hält sich aufgrund der speziellen Umgebung allerdings in engen Grenzen.

Im rechten Teil des Doppelfensters spiegelt sich in den acht gewölbten Scheiben die gegenüberliegende Straßenseite mit von oben nach unten zunehmendem Abstraktionsgrad. In den unteren zwei Scheiben ist schon fast die Anmutung eines künstlerischen Pastells erreicht. Die linke Fensterhälfte ist dagegen an mehreren Stellen mit Verbotsschildern hinterlegt. Neben dem internationalen Rauchverbotsschild, einer in rotem Kreis durchgestrichenen Zigarette, und dem Bild einer Frau, die den Finger auf die Lippen legt und damit eindeutig zur Ruhe gemahnt, steht auf zwei Zetteln in roter Schrift

»ACHTUNG!« beziehungsweise türkisch »DIKKAT!« Darunter ein mehrzeiliger Text. Die deutsche Version lautet: *Bitte ab 22 Uhr kein Lärm verursachen. Raucher bitte leise verhalten, den Müll und Kippe nicht auf dem Boden schmeißen und Straße sauber halten.*

Abgesehen von dem etwas wackligen Deutsch scheint alles in Ordnung. Niemand wird diesem Verein, falls es ihn überhaupt noch gibt, mangelnde Integrationsbereitschaft nachsagen können. Zumal direkt unter dem Fenster zwei schwarz beklebte Büchsen hängen, deren eine einen roten Rand aufweist und wohl als Aschenbecher gedacht ist. Die beiden an dem Gedanken der Mülltrennung orientierten Sammelbehälter deuten auf viel guten Willen und wenig Professionalität, ein eindeutiges Zeichen subkulturellen Understatements.

Derartige Raucherabtritte sind allerorten zum festen Bestandteil des öffentlichen Lebens geworden. Vor Kneipen, Bürohäusern oder in gelbumrandeten Zonen auf den Bahnsteigen versammeln sich die letzten ihrer Art und nehmen öffentlich Abschied von einem seit über hundert Jahren gepflegten Laster. Aus mir unerfindlichen Gründen hat sich dieser Abkehrprozess vom Rauchen weltweit in seltener Einmütigkeit vollzogen, als sei der Zigarettenkonsum urplötzlich als ein über nationale und kulturelle Grenzen hinwegreichender Übelstand erkannt worden, der jedoch im Gegensatz zum Klimawandel mit einfachen Verboten in den Griff zu kriegen ist.

Das fotografierte Fassadenstück summiert sich atmosphärisch zu einem Ausdruck multikultureller Improvisationskunst. Während die den Durchblick verzerrenden Wölbscheiben eher an die nordische Butzenscheibenromantik erinnern, an Innerlichkeit und die Lust an der Intransparenz, handeln die hellblauen Spuren im Sockel und die Farbe des Klebebands eher vom mediterranen Süden und der Freude am lichtdurchfluteten Himmel. Warum das Eingangsschild überhaupt so überklebt wurde, dass nur noch das Wort »international« übrig geblieben ist, muss ein Rätsel bleiben, wiewohl es nach dem Bekunden der Fotografin der eigentliche Grund war, das Foto aufzunehmen. Kann ein sich auflösender oder womöglich schon aufgelöster Kulturverein ein Interesse daran haben, eine Restbotschaft zu hinterlassen, die sich auf ein derart nichtssagendes Wort stützt? Die Zeiten sind schließlich vorbei, in denen das Adjektiv »international« so etwas wie ein Codewort war für alles, was sich als antiprovinziell oder modern verstand. International fühlte man sich vor über einem halben Jahrhundert ja schon, wenn einem ein »Hallo« leichter von den Lippen ging als ein »Grüß Gott« oder »Guten Tag«.

Auf der B-Seite der Single mit Cornelia Froboess' berühmtem Schlager von 1962 *Zwei kleine Italiener* befindet sich der Song *Hallo, hallo, hallo*, getextet und komponiert von Horst Dempwolff. Dort heißt es »Hallo, hallo, hallo / wir Twens wir grüßen so, / hallo, das ist nun mal international« und »Ja, wir lieben die Bardot und den Geist von Jean Cocteau, denn sie haben beide viel Profil«. Jean Cocteau und Brigitte Bardot sind hier wohl nicht nur des Reims wegen in einer Strophe vereint worden, sondern weil sie, obwohl der Dichter der Großvater der Schauspielerin hätte sein können, damals, als Paris noch als Epizentrum von Kunst und Mode galt, gleichermaßen internationales Flair ausstrahlten, und sei es auch nur in Form einer Zigarette, mit der sich die beiden so gerne ablichten ließen.

Wäre bei der Überklebaktion das Wort »Internationale« übrig geblieben, ließe sich noch an einen linken Scherz denken, während der Wegfall von »Inter« das Ganze zum nationalen Kulturverein erklärt hätte und als perfide Intervention von rechts erklärbar wäre. Vermutlich war es diese seltsame Indifferenz, die es der Fotografin angetan hatte: Jenseits oder diesseits der aktuellen deutsch-türkischen Verwerfungen funktioniert das Wort »international« hier wie eine Leerformel für alles, was ohnehin überall dasselbe ist, ob Flughafen, Einkaufszentrum oder Rauchverbot. Das Nichtssagende dieses einen Adjektivs scheint sich auf die gesamte Szene übertragen zu haben – und lässt sie ins Surreale kippen. Denn was könnte surrealer sein als zwei kommunizierende Röhren, die wie Sprengladungen am Fenster hängen, obwohl sie doch nur der gewöhnlichen Abfallentsorgung dienen.

Das Nichtssagende hätte es längst verdient, zu einem eigenständigen ästhetischen Genre erhoben zu werden, wiewohl nicht auszuschließen ist, dass damit nur ein um die Unterabteilungen Bad Taste oder No(n)sense erweitertes Kuriositätenkabinett bedient würde. In der allgegenwärtigen Bilderflut wächst jedenfalls das Bedürfnis nach Bildern, die *irgendwie alles und nichts* bedeuten, etwas, das früher, als noch keine Mandalas in Mode waren, vielleicht nur die Testbilder im Fernseher vermochten. Das Lustige an diesen grafischen Meisterwerken war ja, dass sie in der sendefreien Zeit gesendet wurden und immer nur von sich selber handelten. Man konnte sie wieder und wieder betrachten, ohne dabei je das Gefühl zu bekommen, etwas zu verpassen. Dies gelingt nicht einmal mehr der Kunst.

188

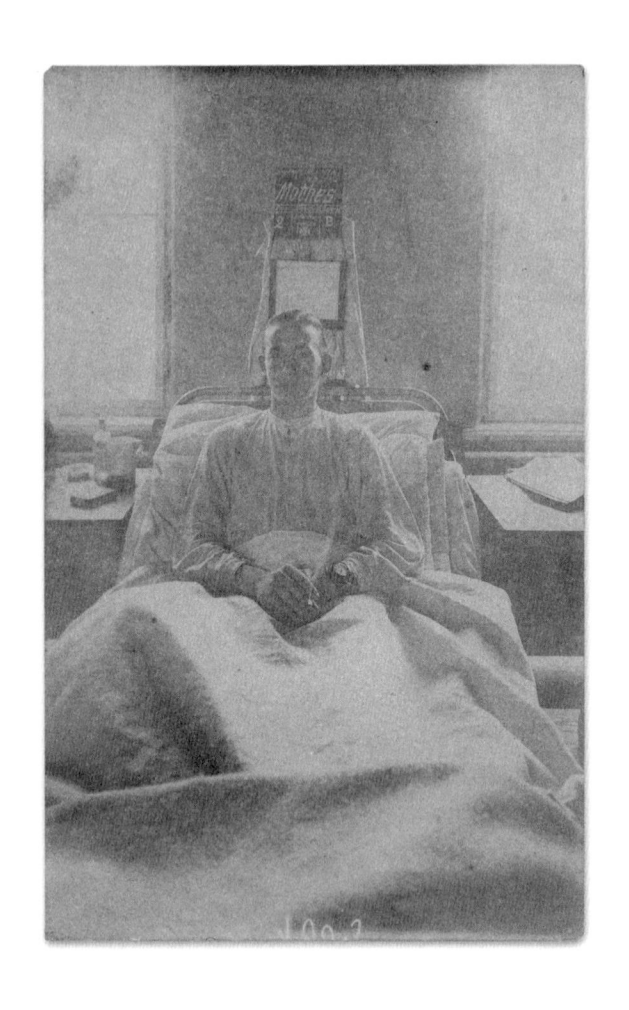

KNIESCHUSS RECHTS

Ein Krieg weist eine derart hohe Ereignisdichte auf, dass es praktisch unmöglich ist, ihn nachträglich zu entwirren und zu einem roten Faden auszuspinnen. Erklären lässt sich daran nur, was so niemand erlebt hat. Vom ersten Krieg, dem der Titel Weltkrieg verliehen wurde, trennen uns einhundert Jahre. Das ist länger als ein durchschnittliches Leben. Die letzten Kriegsteilnehmer und Zeitzeugen sind tot. Der Krieg besteht nun nicht mehr aus konkreten Erinnerungen, sondern aus einer Vielzahl abstrakter Erzählungen. Spätestens dann, wenn niemand mehr da ist, für den das Geschehene noch eine biografische Wirklichkeit war, schnürt sich die Vergangenheit von der Lebenswirklichkeit ab und wird Geschichte. Um aus einer Unzahl von Geschichten eine einzige zu machen, muss man absehen können vom Schicksal des Einzelnen – und damit auch von all den Zufällen, die ein einzelnes Leben zu etwas Unwiederholbarem machen. Zufallsbereinigte Geschichte ist zwar erkenntnisreich, kann aber durch die Betrachtung eines Einzelfalls jederzeit wieder verkompliziert werden.

Ein von einer Verwundung Genesender sitzt aufrecht im Bett und hält eine brennende Zigarette in der Hand. Er scheint das Schlimmste überstanden zu haben und wirkt wie neu geboren. Das bartlose und leicht feminin wirkende Jungengesicht ist so gar nicht von wilhelminischem Zuschnitt, die Körperhaltung lässt sowohl an Buddha denken wie an einen japanischen Samurai kurz vor dem Seppuku. Sollte die Gelassenheit gespielt sein, wäre sie eine schauspielerische Glanzleistung. Die am Bett befestigte Krankentafel verzeichnet für einen Soldaten namens »Mothes«, Angehöriger eines Grenadierregiments, unter »Krankheit« einen »Knieschuss rechts«, als Datum der Verwundung den 3. Juli 1916. Auf der am linken Handgelenk befestigten Armbanduhr ist es sechs nach eins, beide Zeiger stehen exakt übereinander.

Der Siegeszug der Armbanduhr hat nicht zufällig im Ersten Weltkrieg begonnen. Ein moderner Krieg setzt exaktes Timing voraus. Im Gegensatz zu einer Taschenuhr kann eine Armbanduhr auch dann abgelesen werden, wenn beide Hände beschäftigt sind. Kein Herumfummeln in Hosen- oder Jackentaschen: Ein Blick aufs Handgelenk genügt, um im Bild zu sein. Hat sich der Pulverdampf verzogen, zeigt einem die Uhr, dass man noch lebt.

Das durch die beiden hohen Fenster einfallende Licht hat sich wie eine gleißende Spange um Schläfen und Wangen des Verwundeten gelegt, als handle es sich um die Vorstufe eines Erleuchtungsprozesses, der erst dann abgeschlossen wäre, wenn das gesamte Bild zu einer einzigen hellen Fläche geworden wäre. Mit dem Anflug eines Lächelns auf den Lippen schaut der Erleuchtete leicht verschämt an der Kamera vorbei. Die beiden etwas abstehenden, vom Licht umrandeten und deshalb im Inneren umso dunkler erscheinenden Ohrmuscheln erinnern an Totentrompeten. Möglich, dass sie noch angefüllt sind vom Donner der Geschütze und den Pfiffen, mit denen die Offiziere die ihnen Untergebenen aus den Schützengräben herausgetrieben haben und zu Kanonenfutter verarbeiten ließen. Davon zu spüren ist auf dem Foto nichts. Im Gegenteil: Der Rekonvaleszent ist so ins Licht gesetzt, als hätte er gerade eine Kinderkrankheit überstanden, wiewohl die brennende Zigarette schon in eine andere Richtung weist. Das Schlimmste, was jetzt noch hätte passieren können, wäre ein Brandloch in der so sauber wirkenden Wäsche.

Verwundet zu sein bedeutete den Dienst am Vaterland durch ein persönliches Opfer gekrönt zu haben. Noch höher rangierte nur der Heldentod, aber davon hatte der tote Held nichts mehr. Dabeigewesen zu sein, ist für einen Kriegsteilnehmer alles, überlebt zu haben eine Gnade, ein Knieschuss eine Synthese aus beidem.

Lazarette sind Orte, an denen der Krieg in weiße Tücher gebettet wird. Weiße Laken, weiße Verbände, Ärzte in weißen Kitteln, insbesondere aber Krankenschwestern mit weißen Hauben und Schürzen signalisieren dem Verwundeten, dass er jetzt wieder in der Obhut mütterlicher Fürsorge gelandet ist. Nach all den Ekligkeiten von Schützengraben und Schlachtfeld, nach dem viel zu schnellen Erwachsenwerden soll das Schicksal nun wieder in Windeln gepackt werden. Weiß ist hier noch weniger als sonst eine Farbe, sondern ein aus heiliger Unschuld und klinischer Hygiene zusammengesetztes Genesungsversprechen. Doch eben weil weiße Tücher jedwede Form der Befleckung am wenigsten tolerieren, betrachtet man sie von jeher mit einer Mischung aus Ehrfurcht und böser Vorahnung. Als könnte aus ihrem Gewebe jederzeit etwas hervortreten, das so leicht nicht wieder wegzukriegen ist. Blut und Eiter sind etwas anderes als Rot und Gelb, und der aus den Betten aufsteigende Gestank lässt sich durch ein Verschließen der Augen nicht ausblenden. In Wirklichkeit ist dieses Schwarzweißfoto selbst an den vermeintlich weißen Stellen von einem zarten Braunton bestimmt, was auf die allmähliche Zersetzung der Schwarztöne durch UV-Strahlung zurückgeht. Dieser sich bei alten Fotos einschleichende Sepiaton wird in der Fotografie schon lange als Stilmittel zur Erzeugung einer historischen Patina verwendet. Kommt, wie in diesem Fall, zur Patina noch ein fortgeschrittenes Verblassen hinzu, potenzieren sich beide Effekte zu einem durch und durch auratischen Gebilde. Was sich heute durch ein Bildbearbeitungsprogramm mit wenigen Mausklicks reproduzieren ließe, verdankt sich hier noch allein der Zeit. In gut einhundert Jahren ist die Oberfläche dieses Fotoabzugs nach und nach ins Bräunliche verblasst, so dass seine ursprüngliche Bildbotschaft nun durch eine zweite überschrieben ist. Der von weichen Kissen gestützte Jüngling hat den Krieg vermutlich hinter sich. Ein kaputtgeschossenes Knie ist schwer zu reparieren. Marschieren kommt nicht mehr in Frage. Ein steifes Bein ist aber immer noch besser als gar keins.

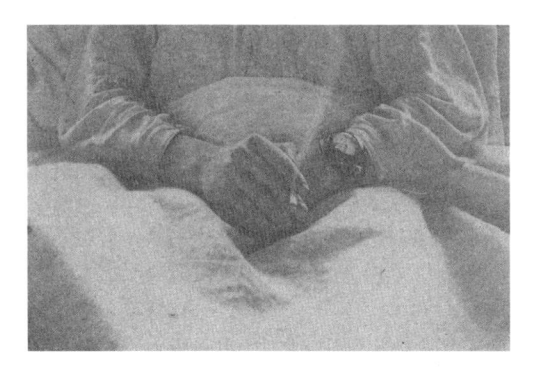

Vor ihm liegt eine von der Bettdecke geformte Gebirgslandschaft, in deren genauer Mitte er seine Hände so zusammengelegt hat, als wären sie niemals waffentauglich gewesen. Von der Begeisterung, mit der seine Generation in den Krieg gezogen war, ist auf diesem Foto nichts mehr zu erkennen. Um ein

Stahlgewitter als etwas Reinigendes empfinden zu können, musste der Kopf angefüllt sein mit einer Vielzahl falscher Bilder. Diese zerplatzten oft schon beim ersten Feindkontakt. Heroischer Nihilismus war eine mentale Disposition, die sich im unmittelbaren Frontgeschehen nicht lange durchhalten ließ. Übrig davon blieb meist nur der Griff zur Zigarette.

Als universell einsetzbare Stimmungsaufheller und Wirklichkeitsvernebler waren Zigaretten unverzichtbar im Kampf gegen die alltägliche Zermürbung durch Läuse, Ratten, Schlamm und Leichengestank. Sie stellten nicht nur den Anschluss an zivile Umgangsformen wieder her, sondern auch den nach innen. Wer raucht, definiert für sich eine Auszeit, stanzt sich ein Loch in die Welt, in das die angestauten Gefühle vorübergehend abfließen können. Was im Schützengraben eher eine Notwendigkeit war, ist jetzt, im Lazarett, schon fast wieder Luxus. Der Knieschuss ist zugeschneit, der aus dem Schoßbereich aufsteigende Rauch verzieht sich aufs Harmloseste in Richtung linker Schulter, und die Armbanduhr tickt einfach weiter. Alles scheint gut. Die verknäuelten Frontlinien in seinem Kopf mögen ihm mittlerweile wie Fieberfantasien vorkommen, oder wie Nähte, mit denen irgendwelche Stofffetzen zu einem Leichentuch zusammengefügt worden sind, das Gott sei Dank an ihm vorübergeweht ist. Dass er an einem Weltkrieg teilgenommen hat und sich dieses Foto dennoch in nichts auflösen wird, weiß er noch nicht.

PROSIT!
Nachwort von Christian Demand

Harry Walters Fotominiaturen erschienen ursprünglich jede für sich und zugleich fest einfügt in die Heftarchitektur des Merkur. Über zwei Jahrgänge hinweg markierten sie als Schlusskolumne der Zeitschrift jeden Monat das Ende eines anspruchsvollen Lektüreparcours von gut hundert eng bedruckten Seiten. Die Rückmeldungen, die die Redaktion damals in ungewohnt hoher Zahl erreichten, legen nahe, dass nicht wenige Leserinnen und Leser das Signal genau umgekehrt verstanden: Sie stürzten sich gleich als erstes auf Harrys Kolumne. Und auch ich habe die neuen Ausgaben, sobald sie frisch aus der Druckerei in der Redaktion angekommen waren, seinerzeit regelmäßig von hinten nach vorn durchblättert.

Natürlich hatte das mit der besonderen Prägnanz, dem Sprachwitz und der Zugänglichkeit der Texte zu tun, die in aller Regel nicht nur die bei weitem kürzesten, sondern zugleich die einzigen im Heft waren, die neben einem intellektuellen Vergnügen auch ein visuelles Erlebnis boten. (Dass die Fotos aus Kostengründen ausschließlich schwarz/weiß gedruckt werden konnten, Farbwerte also grundsätzlich unter den Tisch fallen mussten, war einerseits misslich, sorgte andererseits aber auch dafür, dass die Text-Bild-Strecke im eindeutig typografisch dominierten Gesamtbild der Zeitschrift nicht als Fremdkörper wahrgenommen wurde.) Der eigentliche Reiz der Reihe beruhte allerdings auf der sich mit jeder neuen Folge steigernden Lust an einem hermeneutischen Rätselspiel, das denkbar simplen Regeln folgte, und doch regelmäßig die komplexesten und überraschendsten Konstellationen hervorbrachte.

Die Grundidee für das Projekt entwickelte Harry – dessen künstlerische Arbeiten und Essays ich kannte und schätzte, mit dem ich aber noch nie zusammengearbeitet hatte – im Lauf einer intensiven Mailkorrespondenz, in deren Verlauf wir feststellten, dass uns eine tief eingewachsene Abneigung gegen intellektuelle Feldherrnhügel-Publizistik verbindet, also ein Schreiben, bei dem die eigene Position mit großer Geste rechthaberisch ausbuchstabiert wird. Als ich ihn daraufhin kurzerhand fragte, ob er sich denn vorstellen könne, ein Prosa-Ultrakurzformat für den Merkur zu entwickeln, das den Paternalismus und die unproduktive Monologizität dieses Genres bewusst unterläuft, ließ die Antwort nicht lange auf sich warten.

»*Tatsächlich interessieren mich ja von jeher ›Suppenwürfeltexte‹*«, schrieb er, »*also Texte, die ins Wasser (des Rezipienten) getaucht werden müssen, um überhaupt genießbar zu werden. Da Wasser überall vorkommt, denke ich schon länger, könnte man sich als Schriftsteller eigentlich auf das Fabrizieren von Konzentraten konzentrieren. ... Neuerdings interessiert mich das auch unter dem Aspekt, dass eine Generation heranwächst, die ohnehin nur noch in Kleinformaten schriftlich kommuniziert und denkt: SMS,*

WhatsApp etc. Man müsste den Spieß umdrehen und zeigen, dass solche Kurzformen nicht nur trivial und dispersiv, sondern durchaus auch ›dicht‹ sein können. — Ich gehe ja generell davon aus, dass die Literatur (oder die Schriftkultur schlechthin) sich in Zukunft darauf beschränken muss, nur noch ›Erzählkerne‹ (oder ›Gedankenkerne‹) zu produzieren. Das Erzählen selbst (die notwendige Verwässerung oder Humanisierung) wird mündlich erfolgen oder den sozialen Medien überlassen.«

Davon, dass Bilder dabei eine Rolle spielen könnten, war zu diesem Zeitpunkt noch keine Rede – Harry, der sich gerade zum wiederholten Mal mit großer Begeisterung mit Stanislaw Lem beschäftigte, dachte zunächst an eine Serie von »Briefen aus der Zukunft«. Erst einige Wochen später eröffnete er mir, dass er mit dem Gedanken spiele, private Alltagsfotos aus der Ära der analogen Fotografie, zu beschreiben und zu kommentieren, das allerdings so ernsthaft und akribisch, wie man es sonst nur bei dokumentarisch oder künstlerisch bedeutsamen Aufnahmen der Mühe für wert hält. Dabei habe er insbesondere solche Bilder im Sinn, bei denen mangels entsprechender Hintergrundinformationen »der Erzählfaden gerissen« ist, deren genauer motivischer Gehalt sich also nicht mehr ohne weiteres erschließt. Geeignete »Fundstücke aus vergangenen privaten Welten« aufzutreiben, versicherte er, sei kein Problem. Schließlich verfüge er über eine umfangreiche, über Jahrzehnte gewachsene Sammlung von Papierabzügen aus Familienalben, Schenkungen aus dem Freundes- und Bekanntenkreis, Nachlässen, Zufallsfunden und Auktionskäufen. Das klang vielversprechend, wenn auch noch reichlich vage.

Einige Wochen vor dem geplantem Start der Kolumne fand ich dann im Redaktionspostfach eine Mail von Harry vor, der eine Datei mit fünf fertig durchgearbeiteten Texten anhing. Der Ton des begleitenden Anschreibens war vorsichtig optimistisch, mit Betonung auf vorsichtig: In das Geständnis, dass ihn die Realisierung »endlos Zeit und Schweiß gekostet« habe, und er noch immer keine Vorstellung davon habe, wie sich die Reihe weiterentwickeln würde, hatte er vorsorglich die salvatorische Klausel eingearbeitet, dass er gewillt sei, seine Autorenehre im Zweifelsfall zurückzustellen und klaglos hinzunehmen, sollten wir uns nach der Lektüre dafür entscheiden, die Texte lieber doch nicht zu veröffentlichen. Schon das erste Stück mit dem Titel *Prosit!*, zeigte das erstaunliche Potential der von Harry entwickelten Versuchsanordnung. Ihr Witz bestand vor allem darin, den jedermann vertrauten, detektivischen Drang zur Enträtselung von Bildern mit dem nicht weniger urwüchsigen, aber geradewegs entgegengesetzten Impuls zu ihrer mythomanen Verrätselung kurzzuschließen.

Wie auch bei den meisten anderen Aufnahmen der Serie, ist die Szene auf dem *Prosit!*-Foto zunächst problemlos identifizierbar: Ein beschwingt um eine Kaffeetafel versammeltes Damenkränzchen lässt sich von der Kamera ablichten. Allerdings ist völlig unklar, wer die Aufnahme wann und wo angefertigt hat. Da man also nur mutmaßen kann, um wen genau es sich bei den Anwesenden handeln könnte, aus welchem konkreten Anlass sie zusammengekommen sind und in welcher Beziehung sie darüber hinaus zueinander stehen, sucht man das Bild unwillkürlich nach Indizien ab, anhand derer sich Fragen wie diese klären lassen könnten. Es finden sich in der Tat ein paar mehr oder weniger ergiebige Hinweise, – Frisuren, Kleidung, Gesten, Gerätschaften – doch die Leerstellen erweisen sich letztlich doch als so massiv, dass die Suchbewegung allmählich und ganz von selbst einen spekulativen Drall entwickelt: Die Bilder, erklärt Harry, »füllen sich auf mit allem, was die Neugier an sie heranträgt«, bis sie schließlich »zu knistern anfangen«.

Dass hier tatsächlich ein verlässlicher Automatismus vorliegt, bei dem dem Autor nur die Rolle eines Mediums zukommt, darf bezweifelt werden – Neugier allein schlägt schließlich keine Funken. Bilder so zum Knistern zu bringen, dass sich das Hinhören lohnt, das führen die Texte eindrucksvoll vor, ist eine Kunst. In Harrys Fall ruht diese Kunst maßgeblich auf dem intelligenten Umgang mit der Spannung von Gegensätzen. Das beginnt schon bei der Auswahl der Motive, die einerseits reichlich unspektakulär, ja geradezu belanglos und austauschbar wirken, zugleich aber eben doch anziehend und erratisch genug, um einen starken hermeneutischen Sog zu erzeugen.

Es setzt sich fort bei der eigenwilligen Kalibrierung der Beobachterperspektive, die einerseits die Medialität der Fotografie stets mitreflektiert, während sie andererseits ermöglicht, sich den Bildern und dem darauf festgehaltenen privaten Leben empathisch und distanziert zugleich zuzuwenden, und so das Befremdliche und Verstörende der Alltagsposen und -szenen ebenso in den Blick zu nehmen wie das selbstverständlich Vertraute. Ebenso bemerkenswert ist schließlich, wie es Harry gelungen ist, die Texte inhaltlich wie sprachlich extrem zu verdichten und sie dabei doch zugleich beiläufig improvisiert und jederzeit revidierbar anmuten zu lassen.

Eingestellt wurde die Reihe seinerzeit übrigens einvernehmlich, und zwar nicht etwa, weil dem Autor plötzlich nichts mehr eingefallen oder die Redaktion der Texte überdrüssig geworden wäre. Nach 24 Folgen waren sich beide Seiten einfach nur einig, dass die Gefahr groß geworden wäre, dass die Kunst bei der nächsten Runde in routinierte artistische Manier umschlagen und zu einem bloßen Kunststück werden könnte. Weil genau das nicht passiert ist, haben Harry Walters Fotominiaturen bis heute keine Patina angesetzt. Man liest sie, als wären sie gerade erst erschienen. Dass sie nun endlich alle zusammen in einem Band zusammengefasst sind, ist ein großes Glück.

Schlaufen Verlag
Pfeddersheimer Weg 30
D-14129 Berlin
www.schlaufen-verlag.de
info@schlaufen-verlag.de

Design: Jonas Hirschmann
Druck: Benedict Press
Schrift: Bradford LL Book

ISBN: 978-3-98761-001-1
Printed in Germany

Erste Auflage: Oktober 2022
© 2022 bei den Autoren
© 2022 beim Schlaufen Verlag

Vertrieb Deutschland:
Gemeinsame Verlagsauslieferung
Göttingen GmbH & Co. KG
Postfach 2021
D-37010 Göttingen
www.gva-verlage.de
info@gva-verlage.de

Die Texte erschienen erstmals von Januar 2016 bis Dezember 2017 als monatliche Kolumne im *Merkur. Gegründet 1947 als Deutsche Zeitschrift für europäisches Denken*, hrsg. von Christian Demand und Ekkehard Knörer.

Alle Rechte vorbehalten. Das Werk ist urheberrechtlich geschützt. Jede Verwertung außerhalb der Freigrenzen des Urheberrechts ist ohne Zustimmung des Verlags unzulässig und strafbar. Das gilt insbesondere für Vervielfältigungen, Übersetzungen, Mikroverfilmungen und die Einspeicherung und Verarbeitung in elektronischen Systemen.